INGLÉS BÁSICO SÚPER RÁPIDO

El curso imprescindible
para hablar bien inglés,
¡para siempre!

¡Cientos de videos, audios y ejercicios online!

Conozca la colección completa de **Inglés en 100 Días**
en Aguilar.InglesEn100Dias.com

Inglés Básico Súper Rápido
Primera edición: septiembre 2023

© 2023 Inglés Básico Súper Rápido

© 2023 TRIALTEA USA, LC

© 2023, de esta edición, Penguin Random House Grupo Editorial USA, LLC.
8950 SW 74th Court, Suite 2010
Miami FL 33156

Redacción de contenidos: Gregorio García Marín y Francisco Vives
Edición: Adriana Narváez
Diseño de cubierta: Natalia Urbano
Diseño de interiores: Mariana Valladares
Ilustraciones de tapa:
© Roman Samborskyi | Dreamstime.com
Ilustraciones de interiores:
Fotografías e imágenes de Dreamstime y Freepik (ver créditos en la página Web)

Impreso en Colombia / Printed in Colombia

ISBN 978-1-644738-10-8
23 24 25 26 27 28 6 5 4 3 2 1

Penguin
Random House
Grupo Editorial

Introducción

Inglés Básico Súper Rápido es un curso acelerado de inglés americano con el que aprenderás rápidamente todo lo que necesitas saber para defenderte en las principales situaciones que te encontrarás en Estados Unidos. Gracias a nuestro exclusivo formato LibroWeb, podrás practicar con cientos de videos, audios y ejercicios online en tu celular y computadora. **¡Nadie te da más!**

Inglés Básico Súper Rápido incluye:

- **10 bloques con contenidos** imprescindibles y de fácil comprensión, con explicaciones sencillas.
- Las **365 expresiones y frases esenciales**, para aprender una cada día del año.
- Las **1.000 palabras más usadas** con guía de pronunciación y ejemplos de uso.
- Una lista con los **verbos regulares e irregulares** más usados.
- **50 imágenes y datos curiosos** de los Estados Unidos.
- Todas las **tablas de medidas** y sus conversiones.
- Las **134 reglas de pronunciación** de inglés americano, explicadas con ejemplos.
- Un **listado de las principales visas** que existen para vivir legalmente en Estados Unidos.

Inglés Básico Súper Rápido es el curso más moderno y actualizado que existe para aprender inglés: prácticos y completos contenidos presentados en un animado diseño visual y con apoyo online. No solo vas a aprender inglés, ¡la pasarás muy bien aprendiendo!

Lic. Julio Rivas
Director Editorial

Índice

Inglés Básico Súper Rápido

ÍNDICE

BLOQUE 5. ELEGIMOS PALABRAS QUE NOS AYUDAN A EXPRESARNOS 110

BLOQUE 6. USAMOS LOS VERBOS CON PRECISIÓN 134

ÍNDICE

Recorremos los Estados Unidos

This map is licensed under the Creative Commons Attribution-Share Alike 3.0 Unported
https://commons.wikimedia.org/wiki/File:Map_of_USA_with_state_names.svg

Inglés Básico Súper Rápido

BLOQUE 1. EMPEZAMOS A RELACIONARNOS

¿Cómo se saluda en inglés?

Los saludos más comunes en inglés son los siguientes:

Hello!	*¡Hola!*
Hi!	*¡Hola!*
How are you?	*¿Cómo estás?*
What's up?	*¿Qué tal?*
How are things?	*¿Qué tal van las cosas?*
How are you doing?	*¿Cómo te va?*
How are you getting on?	*¿Qué tal?*

A estas preguntas se les puede responder con:

Very well, thank you.	*Muy bien, gracias.*
Fine, thank you.	*Bien, gracias.*
Okay, thank you.	*Bien, gracias.*

Dependiendo de la parte del día cuando saludemos, podemos usar:

Good morning!	*¡Buenos días!*
Good afternoon!	*¡Buenas tardes!*
Good evening!	*¡Buenas noches!*

¿Cuáles son los pronombres personales sujeto?

En inglés, todas las frases tienen un sujeto, que es quien realiza la acción. Cuando el sujeto es un pronombre, se usan los siguientes pronombres personales sujeto:

Singular		Plural	
I	*yo*	**we**	*nosotros/as*
you	*tú, usted*	**you**	*vosotros/as, ustedes*
he	*él*	**they**	*ellos/as*
she	*ella*		
it	*–*		

- **"I"** *(yo)* siempre se escribe en mayúscula.
- **"You"** se usa tanto en singular como en plural, para tratamientos informales *(tú, vosotros/as)*, como formales *(usted, ustedes)*.
- **"It"** se utiliza para referirnos a un animal, una cosa, un lugar, etc. Es decir, no a personas, y no tiene equivalente en español.
- **"They"** *(ellos/as)* es la forma plural de "he", "she" e "it".

BLOQUE 1

¿Cómo se usa el presente del verbo "to be" en forma afirmativa?

En inglés, el verbo **"to be"** equivale a los verbos en español "ser" y "estar".

En el tiempo verbal presente, sus formas afirmativa y contraída son:

	Contracción	
I am	**I'm**	*yo soy, estoy*
you are	**you're**	*tú eres, estás; usted es, está*
he is	**he's**	*él es, está*
she is	**she's**	*ella es, está*
it is	**it's**	*es, está*
we are	**we're**	*nosotros/as somos, estamos*
you are	**you're**	*vosotros/as sois, estáis; ustedes son, están*
they are	**they're**	*ellos/as son, están*

Las contracciones se utilizan fundamentalmente en el lenguaje hablado. Así logramos transmitir un tono más cercano y coloquial con nuestro interlocutor.

I am American.	*Soy estadounidense.*
You're a citizen.	*Tú eres un ciudadano.*
He is an American citizen.	*Él es un ciudadano estadounidense.*
She's Mexican.	*Ella es mexicana.*
It is a form.	*Es un formulario.*
We're in Texas.	*Estamos en Texas.*
You are here.	*Ustedes están aquí.*
They're immigrants.	*Ellos son inmigrantes.*

La forma **"is"** también puede contraerse con el sujeto cuando este es un nombre propio.

Paul's my cousin   **=**   **Paul is** my cousin
Paul es mi primo.

Una pausa en Alabama

Bella vista del horizonte en el Parque del Ferrocarril, en Birmingham, Alabama.

El aeropuerto de Birmingham, en Alabama, abrió sus puertas en 1931. En el momento de la apertura, un vuelo de Birmingham a Los Ángeles tardaba diecinueve horas.

Acerca de la visa estadounidense...

Hay dos categorías de visas estadounidenses: **inmigrantes y no inmigrantes**. Hay más de 20 tipos de visa de no inmigrante para personas que viajan a los Estados Unidos temporalmente. Hay muchos más tipos de visas de inmigrante para quienes vienen a vivir permanentemente en los Estados Unidos. El tipo de visa que necesita está determinado por el propósito de su viaje previsto.

Las visas de **no inmigrante** son para ciudadanos extranjeros que desean ingresar a los Estados Unidos de manera temporal, por turismo, tratamiento médico, negocios, trabajo temporal, estudio u otras razones similares.

Las visas de **inmigrante** se emiten a ciudadanos extranjeros que tienen la intención de vivir permanentemente en los Estados Unidos.

BLOQUE 1

¿Cómo se usa el presente del verbo "to be" en forma negativa?

Para formar una frase negativa con el presente del verbo "to be", colocamos "**not**" detrás del verbo. También se pueden utilizar contracciones. En este caso, veremos que existen dos formas de contraer la negación, aunque la primera es la más usual.

I am not		I'm not
you are not		you aren't / you're not
he is not		he isn't / he's not
she is not	=	she isn't / she's not
it is not		it isn't / it's not
we are not		we aren't / we're not
you are not		you aren't / you're not
they are not		they aren't / they're not

I'm not Mexican.	*No soy mexicano.*
You aren't Diana.	*Tú no eres Diana.*
He isn't here.	*Él no está aquí.*
She isn't a lawyer.	*Ella no es abogada.*
It isn't a pencil.	*No es un lápiz.*
We aren't in Los Angeles.	*No estamos en Los Ángeles.*
You aren't doctors.	*Ustedes no son médicos.*
They aren't students.	*Ellos no son estudiantes.*

⭐ Una pausa en Alaska

A 6.190 m sobre el nivel del mar, se levanta el monte Denali o McKinley, el más alto de América del Norte.

El nombre Alaska proviene de la palabra esquimal "alakshak", que significa "grandes tierras o península".

En 1741 el explorador danés Vitus Jonassen Bering avistó Alaska en un viaje desde Siberia. Sin embargo, fue en 1784 cuando los balleneros y comerciantes de pieles rusos establecieron en la isla de Kodiak el primer asentamiento.

🌐 Acerca de la visa estadounidense...

Como ya sabemos, las visas de **no inmigrantes** son para personas que desean viajar a los EE. UU. de forma temporal por razones de turismo, negocios, trabajo temporal, estudio o tratamiento médico.

Todos los viajeros deben saber que una visa no garantiza la entrada a los Estados Unidos. El Departamento de Seguridad Interior (DHS) podría denegar el ingreso y también limitar el período de estancia autorizada en los Estados Unidos.

BLOQUE 1

¿Cómo nos despedimos en inglés?

Cuando nos despedimos en inglés, usamos alguna de estas expresiones:

Goodbye!	*¡Adiós!*
Bye! (Bye-bye!)	*¡Adiós!*
See you!	*¡Hasta la próxima!*
See you later!	*¡Hasta luego!*
See you soon!	*¡Hasta pronto!*
See you tomorrow!	*¡Hasta mañana!*
Take care!	*¡Cuídate!*
Have a nice day!	*¡Que tengas un buen día!*
Till next time	*¡Hasta la próxima!*

Cuando nos despedimos por la noche, también podemos decir "**Good night!**" *(¡Buenas noches!)*, aunque únicamente como fórmula de despedida, ya que para saludar usamos "**Good evening!**" *(¡Buenas noches!)*.

⭐ Una pausa en Arizona

Arizona, el hogar del Parque Nacional del Gran Cañón.

Las banderas castellana y borgoñona de España, la mexicana, la confederada y la de los Estados Unidos han flameado sobre el territorio que se ha convertido en Arizona.

¿Cómo se usa el presente del verbo "to be" en forma interrogativa?

Para realizar preguntas con el verbo "to be", el orden de las palabras es diferente al de una oración afirmativa, ya que invertimos la ubicación del sujeto y el verbo.

Singular	Plural
Am I?	Are we?
Are you?	Are you?
Is he?	
Is she?	Are they?
Is it?	

Am I your neighbor?	*¿Soy tu vecino?*
Are you Antonio López?	*¿Es usted Antonio López?*
Is he Colombian?	*¿Él es colombiano?*
Is it a book?	*¿Es un libro?*
Are we in New York City?	*¿Estamos en Nueva York?*
Are they Guatemalan?	*¿Ellos son guatemaltecos?*

También es posible hacer preguntas de forma negativa. Generalmente, las usamos así cuando creemos saber la respuesta, pero necesitamos confirmarla.

Aren't you Juan López?	*¿No eres Juan López?*
Isn't he a gardener?	*¿Él no es jardinero?*
Aren't they Spanish?	*¿Ellos no son españoles?*

¿Cómo se usan las respuestas cortas?

Cuando se formula una pregunta que comienza con un auxiliar, como lo es el verbo "to be", se puede responder de forma corta o de otra forma algo más extensa.

Are you a good student?   *¿Eres un buen estudiante?*

Respuesta corta:
Yes, I am.   *Sí, (lo soy).*

Respuesta extensa:
Yes, I am a good student.   *Sí, soy un buen estudiante.*

Para formar una respuesta corta, utilizamos "**Yes**" *(sí)* o "**No**" *(no)*, el **pronombre sujeto** que corresponda y el **auxiliar** (el verbo "to be" en este caso). El auxiliar será afirmativo o negativo, según la respuesta.

Is Mariana in Phoenix?   **Yes, she is.**
¿Está Mariana en Phoenix?   *Sí (lo está).*

Are you a plumber?   **Yes, I am.**
¿Es usted fontanero?   *Sí (lo soy).*

Is it a plane?   **No, it isn't.**
¿Es un avión?   *No (no lo es).*

Are they your pens?   **No, they aren't.**
¿Ellos son tus bolígrafos?   *No (no lo son).*

En las respuestas cortas, el sujeto y el verbo no se pueden contraer nunca. Solo lo hacen los verbos con la negación "not". Es decir, únicamente es posible usar contracciones en respuestas cortas negativas.

¿Cómo se usan los signos de exclamación e interrogación?

En inglés, solo se usa un signo de exclamación o interrogación al final de la frase o expresión. Nunca se usa uno de estos signos al principio.

Hello**!**   ¡Hola!
Are you hungry**?**   ¿Tienes hambre?

⭐ Una pausa en Arkansas

Arkansas contiene más de 600.000 acres de lagos y 15.600 km de arroyos y ríos.

El nombre de Arkansas es la interpretación francesa de la palabra sioux "acansa", que significa "lugar río abajo".

Las cien palabras más usadas en inglés (1 a 100)

A	Un, una	**I**	Yo
Address	Dirección	**In**	En
Age	Edad	**Is**	Es
All	Todos	**It**	Lo
And	Y	**Job**	Trabajo
Are	Son, están	**Like**	Gustar
Back	Atrás, espalda	**Look**	Mirar
Be	Ser, estar	**Mail**	Correo
Because	Porque	**Make**	Hacer
Big	Grande	**Man**	Hombre
But	Pero	**Many**	Muchos
Can	Poder	**Me**	Me, a mí
Car	Automóvil	**Mile**	Milla
Country	País	**Money**	Dinero
Did	Pasado simple del verbo "hacer"	**More**	Más
		Much	Mucho
Do	Hacer	**My**	Mi
Drive	Conducir	**Need**	Necesitar
Eat	Comer	**Never**	Nunca
English	Inglés	**New**	Nuevo
Far	Lejos	**No**	No
Food	Comida	**Not**	No
For	Para	**Number**	Número
From	De, desde	**Of**	De
Get	Conseguir	**Old**	Viejo
Go	Ir	**One**	Uno
Good	Bueno	**Open**	Abrir
Have	Tener	**Or**	O
He	Él	**Other**	Otro
Here	Aquí, acá	**Out**	Afuera
His	Su (de él)	**Put**	Poner
Home	Hogar	**Same**	Mismo
Hour	Hora	**Say**	Decir
How?	¿Cómo?	**See**	Ver

She	Ella	**Write**	Escribir
Some	Algunos	**Yes**	Sí
Soon	Pronto	**You**	Tú, usted, ustedes
Street	Calle	**Your**	Tu; su; de usted, de ustedes
That	Esa, ese, eso, aquella, aquel, aquello		
The	El, la, los, las		
There	Allá, allí		
They	Ellos/as		
This	Este, este, esto		
Time	Tiempo		
To	A		
Today	Hoy		
Two	Dos		
Understand	Entender		
Up	Arriba		
Use	Usar		
Very	Muy		
Wait	Esperar		
Want	Querer		
Was	Pasado simple de los verbos "ser" y "estar"		
We	Nosotros		
Well	Bien		
What	¿Qué?		
When	¿Cuándo?		
Why	¿Por qué?		
Will	Auxiliar para el futuro		
With	Con		
Woman	Mujer		
Word	Palabra		

¿Cómo preguntamos e indicamos procedencia?

En inglés, para indicar el lugar de procedencia, usamos la forma afirmativa del verbo "to be" y la preposición "**from**" *(de, desde)*:

I'm **from** Mexico. I'm Mexican.   *Soy de México. Soy mexicano.*
He's **from** Germany. He's German.   *Él es de Alemania. Es alemán.*
Are you **from** El Salvador? Yes, I am.   *¿Eres de El Salvador? Sí, lo soy.*

Sin embargo, al preguntar por el lugar de procedencia, se coloca "**from**" al final de la pregunta.

—Where are you **from**?   *—¿De dónde eres?*
—I'm **from** Brazil.   *—Soy de Brasil.*

Al hablar de procedencia, no siempre nos referimos a una ciudad o país, también puede ser otro lugar o una circunstancia.

American people have had freedom of speech **from** the first amendment to the Constitution.   *El pueblo estadounidense ha tenido libertad de expresión desde la primera enmienda a la Constitución.*

¿Cómo se dicen los países, nacionalidades e idiomas?

En inglés, los países, nacionalidades e idiomas siempre se escriben con letra mayúscula. Veamos una lista de este vocabulario.

Countries (Países)	Nationalities (Nacionalidades)	Languages (Idiomas)
The United States	American	English
Mexico	Mexican	Spanish
Cuba	Cuban	Spanish
Argentina	Argentine	Spanish
Brazil	Brazilian	Portuguese
Colombia	Colombian	Spanish
Spain	Spaniard	Spanish
Germany	German	German
France	French	French
Japan	Japanese	Japanese
China	Chinese	Chinese

Una pausa en California

En 1925, una secuoya gigante ubicada en California fue designada árbol de Navidad nacional de la nación. El árbol mide más de 91 m de altura. Además, el Parque Nacional Sequoia contiene el árbol vivo más grande. Su tronco tiene 31 m de circunferencia.

El Monte Whitney de California, a 4418 m, es el pico más alto de los 48 estados inferiores.

BLOQUE 1

¿Cómo se usa el artículo determinado "the"?

El artículo determinado "**the**" equivale a los artículos en español "el, la, los, las". Es decir, se usa tanto para el masculino y femenino como para el singular y plural.

the museum	*el museo*
the cars	*los automóviles*
the Constitution	*la Constitución*
the pictures	*las fotografías*

He is **the** President of the United States.

Él es el presidente de los Estados Unidos.

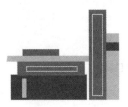

El artículo "**the**" tiene dos pronunciaciones diferentes; se pronuncia /d̲e/ si precede a una palabra que comienza con un sonido consonántico, y /d̲i/ si va delante de una palabra que comienza con un sonido de vocal, excepto el sonido /iu/. No hay que olvidar que la "th" del artículo suele pronunciarse como un sonido entre la "d" y la "z".

the class /d̲e/   **the** orange /d̲i/

Inglés Básico Súper Rápido

¿Cómo se usan los adverbios "here" y "there"?

"**Here**" *(aquí, acá)* y "**there**" *(allí, allá, ahí)* son dos de los adverbios de lugar más usados en inglés.

Come **here**!	*¡Ven aquí!*
I am **here**.	*Estoy aquí.*

Her sister is **there**.	*Su hermana está allí*
My cell phone isn't **there**.	*Mi celular no está allí.*

En muchos casos, estos adverbios aparecen en expresiones, es decir que se usan con más palabras que los complementan.

The library is **right here**.	*La biblioteca está aquí mismo.*
The check is **over there**.	*El cheque está por allí.*

¿Cómo se usa el artículo indeterminado "a/an"?

El artículo indeterminado "**a**" equivale a "un, una". Se utiliza delante de un nombre contable en singular cuando nos referimos a él por primera vez. Este artículo puede usarse tanto con nombres masculinos como femeninos.

It is **a** glass.	*Es un vaso.*
She is **a** girl.	*Ella es una muchacha.*

Entre otros casos, se usa al referirnos a profesiones u ocupaciones (cuando el sujeto es una sola persona). Obsérvese que en español es posible que no aparezca, ya que no es imprescindible.

She is **a** designer.	*Ella es diseñadora.*
I'm **a** chef.	*Soy (un) chef.*

En muchos casos es sinónimo de "one" (*uno*):

I want **a** cup of coffee.	*Quiero una taza de café.*

El artículo indeterminado tiene dos formas: "**a**" y "**an**". No se trata de dos artículos diferentes.

● "**A**" se utiliza delante de palabras que comienzan por consonante.

Seattle is **a** city.	*Seattle es una ciudad.*

● "**An**" se usa delante de palabras que comiencen por vocal o "h" muda.

It's **an** animal.	*Es un animal.*
Douglas is **an** honest man.	*Douglas es un hombre honrado.*

¿Cómo damos las gracias en inglés?

En inglés, tenemos distintas formas de dar las gracias por algo.
Te mostramos las más usadas.

Thanks / Thank you.	*Gracias.*
Thank you very much / Thanks a lot.	*Muchas gracias.*
Thank you very much, indeed!	*¡Muchísimas gracias!*

Y para responder, también contamos con algunas opciones. Estas son las formas más populares:

You're welcome!*	*¡De nada!*
Not at all! / Nothing at all!	*¡De nada!*
Don't mention it!	*¡No hay de qué!*

✪ Es la expresión más usada de manera coloquial.

¿Cuáles son los adjetivos demostrativos?

Los adjetivos demostrativos se utilizan para mostrar la distancia entre el hablante y el objeto, persona o lugar del que se habla.

● Sus formas en singular son:

this	este, esta, esto
that	ese, esa, eso, aquel, aquella, aquello

This article is interesting.	*Este artículo es interesante.*
That woman isn't my mother.	*Esa/aquella mujer no es mi madre.*

El demostrativo "**that**" puede contraerse con "**is**". Ninguno de los demás demostrativos puede contraerse con el verbo "to be":

<u>That is</u> my house = **That's** my house
Esa/aquella es mi casa.

● Sus formas en plural son:

these	estos, estas
those	esos, esas, aquellos, aquellas

These men are French.	*Estos hombres son franceses.*
Those cell phones are modern.	*Esos celulares son modernos.*

Cuando nos referimos a cercanía o lejanía en el tiempo (no solo en distancia), también se usan los adjetivos demostrativos:

this week	esta semana	**that** week	esa/aquella semana
this year	este año	**that** year	ese/aquel año
these days	estos días	**those** days	esos/aquellos días
these months	estos meses	**those** months	esos/aquellos meses

¿Cómo se dicen los días de la semana?

The days of the week* (Los días de la semana)	
Monday	lunes
Tuesday	martes
Wednesday	miércoles
Thursday	jueves
Friday	viernes
Saturday	sábado
Sunday	domingo

✪ En inglés, los días de la semana siempre se escriben en mayúscula.

¿Cuáles son los adjetivos posesivos en inglés?

Estos adjetivos indican posesión y tienen una forma invariable, bien acompañan a un nombre singular o plural.

my	mi, mis
your	tu, tus / su, sus (de usted)
his	su, sus (de él)
her	su, sus (de ella)
its	su, sus (de ello)
our	nuestro/a/os/as
your	vuestro/a/os/as/ su, sus (de ustedes)
their	su, sus (de ellos/as)

My name is Ricardo.	Mi nombre es Ricardo.
Is this **your** son?	¿Es este tu hijo?
Her mother is American.	Su madre (de ella) es estadounidense.
Are these **our** passports?	¿Son estos nuestros pasaportes?
Michael is **their** uncle.	Michael es su tío (de ellos).

El adjetivo posesivo "**its**" indica pertenencia de algo a una cosa, lugar o animal y hay que tener cuidado de no confundirlo con la contracción "it's (it is)".

Texas is a large state. **Its** capital is Austin.

Texas es un estado grande. Su capital es Austin.

¿Cuáles son los meses del año?

The months of the year* (Los meses del año)	
January	enero
February	febrero
March	marzo
April	abril
May	mayo
June	junio
July	julio
August	agosto
September	septiembre
October	octubre
November	noviembre
December	diciembre

✿ En inglés, los meses del año siempre se escriben en mayúscula.

Las expresiones más usadas en inglés para...

◾ Getting official documents *(Obtener documentos oficiales)*

Apply in person.	*Presentar una solicitud en persona.*
Apply online.	*Presentar una solicitud por Internet.*
How do I get a social security card?	*¿Cómo obtengo una tarjeta de seguro?*
What happens if I lose my card?	*¿Qué ocurre si pierdo mi tarjeta?*
Can I complete the applications online?	*¿Puedo completar las solicitudes por Internet?*
Where do I apply for a driver's license?	*¿Dónde solicito una licencia de conductor?*
Do I have to pass any tests?	*¿Debo aprobar algún examen?*
What happens if I fail the test?	*¿Qué ocurre si no apruebo el examen?*
Renew the license.	*Renovar la licencia.*

◾ Looking for a job *(Buscar trabajo)*

Look for/search for a job.	*Buscar trabajo.*
Are you hiring?	*¿Están buscando empleados?*
Apply for a job.	*Postularse para un trabajo.*
Tell me about your experience.	*Cuénteme sobre su experiencia.*
What's your present job?	*¿Cuál es su trabajo actual?*
What do you do?	*¿Cuál es su trabajo?*
When can you start?	*¿Cuándo puede comenzar?*
My current position/job is...	*Mi puesto/trabajo actual es...*
I'm unemployed.	*No tengo trabajo.*
Lose your job.	*Perder tu trabajo.*

■ Buying a house *(Comprar una vivienda)*

How much can you afford?	*¿Cuánto puede invertir?*
Figure out how much you can spend.	*Calcular cuánto puede gastar.*
Shop for a loan.	*Buscar un préstamo.*
What's the interest rate?	*¿Cuál es la tasa de interés?*
What's the term of the loan?	*¿Cuál es el plazo del préstamo?*
Is the loan fixed or adjustable?	*¿El préstamo es fijo o ajustable?*
Make an offer.	*Hacer una oferta.*
Accept an offer.	*Aceptar una oferta.*
Negotiate for the best deal.	*Negociar el mejor contrato.*
Get pre-approved for a mortgage.	*Estar preaprobado para una hipoteca.*

■ Buying a car *(Comprar un auto)*

Buy/Get a new car.	*Comprar un auto nuevo.*
What brand and model are you looking for?	*¿Qué marca y modelo está buscando?*
How much can you afford to pay?	*¿Cuánto puede pagar?*
Where can I find price quotes?	*¿Dónde puedo encontrar cotizaciones?*
How much is my old car worth?	*¿Cuánto cuesta mi auto usado?*
What's the mileage.	*¿Cuál es el millaje?*
Negotiate a better deal.	*Negociar una mejor operación.*
Make a down payment.	*Pagar un adelanto.*
What is my monthly payment?	*¿Cuál es el pago mensual?*

BLOQUE 2. PREGUNTAMOS PARA CONOCER MÁS

¿Cuáles son los pronombres interrogativos?

Los pronombres interrogativos son palabras que utilizamos al principio de las preguntas para pedir información acerca de cosas, personas, lugares, momentos, etc.

What?	¿Qué? / ¿Cuál? / ¿Cuáles?
Where?	¿Dónde?
Who?	¿Quién? / ¿Quiénes?
When?	¿Cuándo?
Why?	¿Por qué?
How?	¿Cómo?

What is the capital of Mexico?   ¿Cuál es la capital de México?
Where is she from?   ¿De dónde es ella?
Who is the President?   ¿Quién es el presidente?
When is the party?   ¿Cuándo es la fiesta?
Why is this important?   ¿Por qué es esto importante?
How are you?   ¿Cómo estás?

En muchas ocasiones, podemos encontrar contracciones con "**is**". Sin embargo, no encontraremos ninguna con "**are**".

What is = What's	**What's** your name?	*¿Cuál es tu nombre?*
Where is = Where's	**Where's** my car?	*¿Dónde está mi coche?*

Las preguntas que comienzan con "**Why?**" (*¿Por qué?*) se suelen responder con "**Because...**" (*Porque...*).

Why are your parents here? **Because** they are visiting.
¿Por qué están tus padres aquí? Porque están de visita.

⭐ Una pausa en Colorado

Apacible paisaje en el atardecer con las montañas reflejadas en el Sprague Lake, en Rocky Mountain National Park, Colorado.

Colorado es el único estado en la historia que rechazó los Juegos Olímpicos de Invierno. En 1976 se planeó celebrarlos en Denver, pero el 62 % de los votantes eligieron que esta no fuera la sede de los Juegos Olímpicos debido al costo, la contaminación y el aumento de población que ocasionarían en el estado de Colorado y la ciudad de Denver.

BLOQUE 2

¿Cómo preguntamos por información personal?

Cuando preguntamos a alguien por información personal, en muchos casos hacemos uso de los pronombres interrogativos.

What's your name? My name is Mario.
¿Cuál es tu nombre? Mi nombre es Mario.

What's your address? My address is...
¿Cuál es tu dirección? Mi dirección es...

What's your telephone number?
¿Cuál es tu número de teléfono?

What is your job? I'm an engineer.
¿Cuál es tu trabajo? Soy ingeniero.

Where are you from? I'm from Argentina.
¿De dónde eres? Soy de Argentina.

How are you? I'm great.
¿Cómo estás? Estoy genial.

 ## Acerca de la visa estadounidense...

Categorías de visas de visitantes
(Visas B) VISITANTE: NEGOCIOS, TURISMO, TRATAMIENTO MÉDICO

La visa de visitante es una visa de no inmigrante para personas que desean entrar en los Estados Unidos de forma temporal por razones de negocios (B1), que incluye asistir a reuniones o conferencias profesionales, viajes de placer, incluidas vacaciones o visitas a familiares o tratamientos médicos (B2), o una combinación de ambas finalidades (B1/B2) durante un período de hasta seis meses.

(Visas C) TRÁNSITO EN EE. UU.

Personas que viajen entre dos países extranjeros y que deban realizar una conexión de vuelos en los Estados Unidos como parte de ese viaje.

Un miembro de tripulación que viaje a los Estados Unidos como pasajero para incorporarse a un barco o una aeronave necesita una visa de tránsito. Consulte la información sobre visa de tripulación.

Si un viajero se embarca en un puerto del exterior en un buque de crucero o de otro tipo que se dirige a un destino del exterior que no sea los Estados Unidos y, durante la travesía, la embarcación hace escala en los Estados Unidos, necesita una visa de tránsito u otro tipo de visa de no inmigrante.

¿Cómo se usan las preposiciones de lugar "in", "on" y "at"? [1ª parte]

Las preposiciones "**in**", "**on**" y "**at**" equivalen a "en" en español, pero se usan en distintas situaciones, por lo que es importante aprender la diferencia entre cada una, así como practicar los ejemplos. En esta página y en las siguientes, trataremos dichos usos.

La preposición "**in**" significa "en" o "dentro" de un lugar o espacio limitado:

There are 50 states **in** the U.S.	*Hay 50 estados en EE. UU.*
My children are **in** the bedroom.	*Mis hijos están en la habitación.*

Esta preposición también aparece en las siguientes expresiones:

in a car	*en un auto*
in a park	*en un parque*
in the sea	*en el mar*
in bed	*en la cama*
in the Constitution	*en la Constitución*

¿Cómo se usan las preposiciones de lugar "in", "on" y "at"? [2ª parte]

La preposición "**on**" significa "en" o "sobre" una superficie con la que se tiene contacto.

The money is **on** the table.	*El dinero está en la mesa.*
The painting is **on** the wall.	*La pintura está en la pared.*

Esta preposición también se usa en las siguientes expresiones:

on Galvenson Street	*en la calle Galvenson*
on a chair	*en una silla*
on the floor	*en el suelo/piso*
on the second floor	*en la segunda planta*

Y en otras como:

on the radio	*en la radio*
on television (on TV)	*en televisión*
on the right / left	*a la derecha / izquierda*

Existe una diferencia importante entre el uso de las preposiciones "**in**" y "**on**" cuando las usamos con los medios de transporte. Revisemos estos conceptos.
Cuando se trata de autos, usamos "in" (in a car, in a taxi), pero con otros medios de transporte más grandes, "on" (on a bus, on a train, on a plane).

¿Cómo se dicen los números cardinales del 0 al 10?

Es momento de aprender cómo se dicen los números del 0 al 10 en inglés.

Cardinal numbers 0-10	
(Los números cardinales 0-10)	
zero	0
one	1
two	2
three	3
four	4
five	5
six	6
seven	7
eight	8
nine	9
ten	10

The house has **three** bedrooms.   *La casa tiene tres habitaciones.*
We have **five** fingers on each hand. *Tenemos cinco dedos en cada mano.*

 Acerca de la visa estadounidense...

Categorías de visas de estudio
(Visas F/M) ESTUDIANTE ACADÉMICO O DE IDIOMAS / ESTUDIANTE NO ACADÉMICO O TÉCNICO
En general, cualquier solicitante de visa que venga a los Estados Unidos para asistir a un curso de estudios aprobado requiere una visa de estudiante.

(Visas J) VISITANTE DE INTERCAMBIO
Las visas de visitante de intercambio (J-1) son visas de no inmigrante para personas que hayan recibido la aprobación para participar en programas de visitantes de intercambio en los Estados Unidos.

BLOQUE 2

¿Cómo se usan las preposiciones de lugar ("in", "on", "at")? [3ª parte]

La preposición "**at**" significa "en" al referirnos a un punto, a un lugar determinado.

Carlos is **at** the door.	*Carlos está en la puerta.*
I will meet you **at** the airport.	*Te veré en el aeropuerto.*
I live **at** 25, Main Street.	*Vivo en la calle Main, número 25.*

Esta preposición también se encuentra en las siguientes expresiones:

at the bus stop	*en la parada del bus*
at the airport	*en el aeropuerto*
at home	*en casa*
at work	*en el trabajo*
at school	*en la escuela*
at the meeting	*en la reunión*

En algunos casos, la diferencia entre "in" y "at" es que el primero se refiere al "interior de un recinto" y el segundo a la "actividad propia que se realiza en un recinto":

The accident happened **in** the school.	*El accidente ocurrió en la escuela.*
The children are **at** school.	*Los niños están en la escuela. (Aprendiendo)*

¿Cómo se dicen los números cardinales del 11 al 99?

Ahora aprenderemos cómo se dicen los números del 11 al 99 en inglés.

Cardinal numbers 11-99
(Los números cardinales 11-99)

11	eleven	21	twenty-one
12	twelve	22	twenty-two
13	thirteen	30	thirty
14	fourteen	40	forty
15	fifteen	50	fifty
16	sixteen	60	sixty
17	seventeen	70	seventy
18	eighteen	80	eighty
19	nineteen	90	ninety
20	twenty	99	ninety-nine

Notemos que a partir del número 21, entre las decenas y las unidades siempre aparece un guion.

⭐ Una pausa en Connecticut

La ciudad de Hartford, capital de Connecticut, donde se publica el periódico estadounidense más antiguo: The Hartford Courant, *fundado en 1764.*

BLOQUE 2

¿Cómo se usa el presente simple en forma afirmativa?

El presente simple es un tiempo verbal que se usa para expresar acciones habituales o rutinarias.

En frases afirmativas, se forma con el **sujeto** y el **infinitivo** del verbo, que es invariable para todas las personas, excepto para la tercera persona del singular (he, she, it), a la que se añade una "**s**". Así tenemos:

[**To eat**: *comer*]

I	**eat**	*yo como*
you	**eat**	*tú comes / usted come*
he	**eats**	*él come*
she	**eats**	*ella come*
it	**eats**	*come*
we	**eat**	*nosotros/as comemos*
you	**eat**	*vosotros/as coméis, ustedes comen*
they	**eat**	*ellos/as comen*

We **do** a lot of exercise.
Nosotros hacemos mucho ejercicio.

My cousin **lives** in Detroit.
Mi prima vive en Detroit.

I **speak** French.
Yo hablo francés.

You **work** from 9 a.m. to 5 p.m.
Tú trabajas de 9 a.m. a 5 p.m.

Peter **makes** his bed every morning.
Peter hace su cama todas las mañanas.

They **go** to bed early.
Ellos se van a la cama temprano.

¿Cómo expresamos rutinas en inglés?

A continuación aprenderemos vocabulario para expresar rutinas en inglés.

Routines (Rutinas)	
(to) get up	levantarse
(to) take a shower	tomar una ducha
(to) work	trabajar
(to) go to bed	irse a la cama
(to) watch television	mirar la televisión
(to) study	estudiar
(to) read the newspaper	leer el periódico
(to) have breakfast	desayunar
(to) have lunch	comer, almorzar
(to) have dinner / supper	cenar

Acerca de la visa estadounidense...

Categorías de visas de trabajo
(Visas D) MIEMBRO DE TRIPULACIÓN

Un miembro de tripulación que trabaje a bordo de un barco o una aeronave en los Estados Unidos debe tener una visa de miembro de tripulación (D).

(Visas I) MEDIOS y PERIODISTAS

Para poder optar por la visa de medios (I), los solicitantes deben demostrar que están calificados para obtenerla. Las visas de medios son para "representantes de los medios extranjeros", que incluyen a miembros de medios de prensa, radio, filmación o gráficos, cuyas actividades fueran esenciales para la función de los medios extranjeros, tales como reporteros, equipos de filmación, editores y personas con ocupaciones similares, que viajen a los Estados Unidos para ejercer su profesión.

BLOQUE 2

Las cien palabras más usadas en inglés (101 a 200)

About	Acerca de	**Dollar**	Dólar
After	Después	**Down**	Abajo
Ago	Atrás/Hace...	**Drink**	Beber
Always	Siempre	**Early**	Temprano
An	Un, una	**Easy**	Fácil
Bad	Malo	**End**	Fin
Bag	Bolso, bolsa	**Enough**	Suficiente
Before	Antes	**Enter**	Ingresar
Begin	Comenzar	**Exit**	Salida
Below	Debajo de	**Expensive**	Caro
Better	Mejor	**Fine**	Bien
Between	Entre	**Friend**	Amigo
Bottom	Parte inferior	**Go on**	Ocurrir, continuar
Bye	Adiós	**Go out**	Salir
Cheap	Barato	**Great**	Fantástico
Clean	Limpiar	**Happy**	Feliz
Coin	Moneda	**Hello**	Hola
Collect	Cobrar	**Help**	Ayudar
Color	Color	**Hi**	Hola
Come	Venir	**House**	Casa
Complete	Completar	**I.D. Card**	Documento de identidad
Cook	Cocinar		
Cost	Costar	**Immigration**	Inmigración
Credit	Crédito	**Just**	Recién
Customer	Cliente	**Know**	Saber
Customs	Aduana	**Lawyer**	Abogado
Cut	Cortar	**Live**	Vivir
Day	Día	**Mailman**	Cartero
Directions	Instrucciones	**Main**	Principal
Doctor	Doctor	**Manager**	Gerente
Does	Auxiliar del presente simple	**Market**	Mercado
		Mean	Significar

Men	Hombres
Must	Deber, estar obligado a
Name	Nombre
Near	Cerca
Nice	Agradable
Nothing	Nada
O.K.	De acuerdo
On	Sobre
Pay	Pagar
Price	Precio
Question	Pregunta
Read	Leer
Ready	Listo
Right	Derecha
Second	Segundo
Sell	Vender
Send	Enviar
Shut	Cerrar
Sign	Firmar
So	Por lo tanto
Sold	Vendido
Somebody	Alguien
Something	Algo
Speak	Hablar
Start	Comenzar
Stop	Parar
Take	Tomar
Talk	Conversar
Then	Entonces
Thing	Cosa
Water	Agua

Way	Camino
Where	¿Dónde?
Which	¿Cuál?
Who	¿Quién?
Without	Sin
Work	Trabajar
Work permit	Permiso de trabajo

BLOQUE 2

¿Cómo se usa el presente simple con la tercera persona singular?

El presente simple con la tercera persona del singular (he, she, it), en frases afirmativas, se forma simplemente añadiendo una "**-s**" al **infinitivo** del verbo:

She **works** from home.　　Ella trabaja desde casa.
Luis **eats** a lot of fruit.　　Luis come mucha fruta.

Sin embargo, existen algunas excepciones a esta regla general:

● El presente simple del verbo "to have" (tener) para la tercera persona es "**has**".

Kate **has** a dress.　　Kate tiene un vestido.

● Si el infinitivo termina en **-s**, **-sh**, **-ch**, **-o**, **-x**, o **-z**, se añade "**-es**".

To pas**s** (aprobar):
He **passes** his exams.　　Él aprueba sus exámenes.

To wa**sh** (lavar):
She **washes** her car.　　Ella lava su coche.

To d**o** (hacer):
She **does** business.　　Ella hace negocios.

● Si el infinitivo termina en "**-y**" precedida de vocal, se añade "**-s**", pero si va precedida de una consonante, la "**y**" se transforma en "**i**" y se añade "**-es**".

To pla**y** (jugar, tocar un instrumento):
He **plays** basketball.　　Él juega al baloncesto.

To cr**y** (llorar):
Their baby **cries** a lot.　　Su bebé llora mucho.

¿Cómo preguntamos y respondemos acerca de la edad?

Para preguntar la edad de alguien, usamos "**How old?**" (¿Qué edad?) y el verbo "**to be**"* en presente:

How old <u>are</u> you?   *¿Qué edad tienes?*
How old <u>is</u> your mother?   *¿Qué edad tiene tu madre?*

*Notemos que, aunque en español la edad se expresa con el verbo "tener", en inglés usamos "to be", que equivale a "ser" y "estar". No debemos usar nunca el verbo "to have" para expresar la edad.

Para responder, usamos también la forma afirmativa del verbo "**to be**":

I am twenty-seven years old.   *Tengo 27 años.*

La expresión "years old" puede omitirse si así se desea, puesto que se entenderá el mensaje aun sin usarla:

My mother **is** fifty-nine (years old).   *Mi madre tiene 59 años.*

BLOQUE 2

¿Cómo se usa el presente simple en forma negativa?

Para negar una oración en tiempo presente, se utiliza el auxiliar "**don't**" delante del **infinitivo del verbo** para todas las personas, excepto para la tercera persona del singular (he, she, it), para la que se usa "**doesn't**". Tanto "**don't**" como "**doesn't**" equivalen a "no" en español.

I **don't live** in England.	*Yo no vivo en Inglaterra.*
You **don't speak** Italian.	*No hablas italiano.*
They **don't work** in an office.	*Ellos no trabajan en una oficina.*
She **doesn't play** the violin.	*Ella no toca el violín.*
The machine **doesn't make** any noise.	*La máquina no hace nada de ruido.*

 ## Una pausa en Florida

Cientos de famosas playas bañan las costas de Miami, en Florida, EE. UU.

En Florida se encuentra Cabo Cañaveral, la plataforma de lanzamiento de Estados Unidos para vuelos espaciales.

Contrariamente a lo que se piensa, Florida no es el estado más al sur de los Estados Unidos. Hawái se encuentra más al sur.

¿Hay más formas de saludar?

Aprendamos ahora más fórmulas de saludo y despedida.

● Al saludar, podemos decir:

How is it going?   ¿Cómo va todo? ¿Qué tal?
Are you all right?   ¿Todo bien?

● Y a dichos saludos, podemos responder de estas formas:

(It's going) okay, thank you.   Bien, gracias.
Fine, thank you.   Bien, gracias.
Great! Thank you.   ¡Fenomenal! Gracias.

● Para despedirnos, podemos usar:

Have a nice day!   ¡Que tengas un buen día!
Have a nice weekend!   ¡Que pases un buen fin de semana!
Till next time!   ¡Hasta la próxima!

¿Cómo se usa la forma interrogativa del presente simple?

Para formular preguntas en tiempo presente, se coloca el auxiliar "**do**" delante del sujeto, o "**does**" si es tercera persona del singular (he, she, it), y se usa el **verbo en infinitivo**. En este caso, ni "do" ni "does" tienen traducción en español.

Do I **have** time?	*¿Tengo tiempo?*
Do you **speak** English?	*¿Hablas inglés?/¿Usted habla inglés?*
Do they **know** your dad?	*¿Conocen ellos a tu papá?*
Does he **have** a nice car?	*¿Tiene él un buen coche?*
Does she **like** chocolate?	*¿A ella le gusta el chocolate?*
Does it **snow** in spring?	*¿Nieva en primavera?*

Estas preguntas se pueden responder de forma corta:

Do you speak English? **Yes, I do**.	*¿Hablas inglés? Sí.*
Does he have a nice car? **No, he doesn't.**	*¿Tiene él un buen coche? No.*

Las preguntas también pueden comenzar con un pronombre interrogativo. Con ellas solicitamos más información sobre aquello que preguntamos:

Where do you live?   ¿Dónde vives?
What books do you like?   ¿Qué libros te gustan?

No hay que confundir el auxiliar "do" con el verbo "to do" (hacer), que no es auxiliar. Cuando en una frase negativa o interrogativa aparece este verbo, también tenemos que hacer uso del auxiliar "do" (o "does").

I **don't do** my chores.   No hago mis tareas.
Do you **do** exercise?   ¿Haces ejercicio?

Una pausa en Delaware

Delaware recibió su nombre de Thomas West, Barón de la Warr o Dalaware, que fue el primer gobernador de Virginia.
Fue el primer estado en ratificar la Constitución de los Estados Unidos. Lo hizo el 7 de diciembre de 1787.

Wilmington, la mayor ciudad del estado de Delaware, entre el río Christina y el riachuelo de Brandywine.

BLOQUE 2

¿Qué son los adverbios de frecuencia?

Hay adverbios que nos indican la frecuencia con la que tiene lugar una acción. A continuación veremos algunos de ellos.

always	*siempre*
generally	*generalmente*
usually	*normalmente*
sometimes	*a veces*
rarely	*pocas veces*
hardly ever	*casi nunca*
never	*nunca*

Habitualmente se colocan detrás del verbo "to be" (u otro auxiliar) si este aparece en la frase, o delante del verbo, si se trata de otro diferente de este.

I am **usually** at home.   *Normalmente estoy en casa.*
You **rarely** read a book.   *Pocas veces lees un libro.*
He is **never** angry.   *Él nunca está enojado.*

Inglés Básico Súper Rápido

¿Cómo se hacen preguntas con "how often"?

Para conocer la frecuencia con la que tiene lugar una acción, tenemos que formular una pregunta con el interrogativo "**How often?**".

—**How often** do you make dinner? —¿Con qué frecuencia haces la cena?
—I <u>sometimes</u> make dinner. —A veces hago la cena.

—**How often** does she call you? —¿Con qué frecuencia te llama ella?
—She <u>always</u> calls me. —Ella siempre me llama.

¿Cuáles son las expresiones de frecuencia?

Otra forma de expresar la cantidad de veces que tiene lugar una acción es hacer uso de las siguientes expresiones de frecuencia:

once	*una vez*
twice	*dos veces*
three times	*tres veces*

A partir de "three times", siempre se usa el número y la palabra "times" (veces). Miremos los ejemplos:

I go to the supermarket **twice** a week.
Voy al supermercado dos veces a la semana.

I go to the gym **four times** a week.
Voy al gimnasio cuatro veces a la semana.

BLOQUE 2

¿Cómo se forma el plural de los sustantivos?

Los sustantivos contables tienen forma singular y plural. Conozcamos cómo se convierte un sustantivo singular en plural.

● Como regla general, un sustantivo en plural se forma añadiendo una "**s**" al sustantivo en singular.

house – house**s**   *casa - casas*
senator – senator**s**   *senador – senadores*

● Los nombres terminados en **s**, **sh**, **ch**, **x** y **z** forman el plural añadiendo "**es**".

bus – bus**es**   *autobús – autobuses*
dish – dish**es**   *plato – platos*
match – match**es**   *fósforo – fósforos*

● Los nombres que terminan en "**y**" forman el plural de la siguiente manera:

• Si la "**y**" va precedida de una consonante, se convierte en "**i**" y se añade "**es**".

party – part**ies**   *partido (político) - partidos*

city – cit**ies**	*ciudad – ciudades*
cony - con**ies**	*conejo - conejos*

- Si la "**y**" va precedida de una vocal, solo se le añade "**s**".

day – day**s**	*día – días*
boy – boy**s**	*muchacho – muchachos*

⬤ Si el nombre acaba en "**f**" o "**fe**", en el plural estas letras cambian por "**ves**".

leaf – lea**ves**	*hoja – hojas*
knife – kni**ves**	*cuchillo – cuchillos*

⬤ Cuando el nombre acaba en "**o**", la regla general es añadir "**es**" en plural.

hero – hero**es**	*héroe – héroes*
potato – potato**es**	*papa – papas*

Sin embargo, hay algunas palabras que no siguen esta norma.

photo – photo**s**	*foto – fotos*
piano – piano**s**	*piano - pianos*

Una pausa en Georgia

Berry College, en la ciudad de Rome, Georgia, es reconocido por tener el campus universitario más grande del mundo. Sin embargo, también se reconoce a Wesleyan College de Macon, Georgia, por ser la primera universidad del mundo autorizada para otorgar títulos a mujeres.

Forsyth Park, una de las plazas del distrito histórico de Savannah, en Georgia, luce sus famosos robles.

BLOQUE 2

Las expresiones más usadas en inglés en...

■ The mechanic *(El mecánico)*

My car broke down.	Mi auto se averió.
My car is making a weird noise.	Mi auto hace un ruido extraño.
Leave your car here.	Deje su auto aquí.
Can you fix this?	¿Puede arreglar esto?
I need an estimate.	Necesito un presupuesto.
There is smoke coming out of the hood.	Sale humo por debajo del capó.
My brakes are not working.	Los frenos no funcionan.
How much will it cost?	¿Cuánto costará?
How much is labor?	¿Cuánto cuesta la mano de obra?
Do you have insurance?	¿Tiene seguro?

■ The car wash *(El lavadero de autos)*

I want a detail job on my car.	Quiero un lavado completo de mi auto.
What type of washes do you have?	¿Qué tipo de lavados tienen?
Drive forward.	Moverse hacia adelante.
Can I have your car keys?	¿Puede darme las llaves de su auto?
Wait time is about 15 minutes.	El tiempo de espera es de aproximadamente 15 minutos.
Make sure windows and sunroof are shut.	Asegúrese de cerrar las ventanillas y el techo deslizable.
Remove all valuables from your car.	Llévese todos los objetos de valor que haya en su auto.
Vacuum cloth seats.	Pasar la aspiradora por los asientos de tela.

The bank (El banco)

What do I need to apply for an account?	¿Qué necesito para solicitar una cuenta?
How can I open a bank account?	¿Cómo puedo abrir una cuenta bancaria?
Can I open a joint account?	¿Puedo abrir una cuenta conjunta?
Get a monthly statement.	Obtener un extracto mensual.
Do you have online banking services?	¿Tienen servicios bancarios por Internet?
What are the maintenance fees?	¿Cuáles son los costos por mantenimiento?
Take money out/withdraw money.	Retirar dinero de la cuenta.
How can I pay my bills?	¿Cómo puedo pagar mis facturas?
Charges for late payment.	Recargos por pago atrasado.

The supermarket (El supermercado)

What hours and days are you open?	¿Qué días y en qué horario está abierto?
Where are the shopping carts?	¿Dónde están los carritos?
I'd like a dozen eggs.	Quisiera una docena de huevos.
Where are the dairy products?	¿Dónde están los lácteos?
Let's go to the check-out counter.	Vamos a la caja.
Is this an express lane?	¿Esta es una caja rápida?
This aisle is closed.	Este pasillo está cerrado.
Would you like paper or plastic bags?	¿Quiere bolsas de papel o de plástico?
Will you pay with cash or credit?	¿Va a pagar en efectivo o con tarjeta de crédito?
Your total is $56.	El total es $56.

BLOQUE 3. APRENDEMOS SOBRE LAS PALABRAS

¿Cuáles son los sustantivos con plural irregular?

Hay sustantivos que forman sus plurales sin seguir las reglas de los regulares que ya aprendimos, por eso decimos que lo hacen de manera irregular:

man	>	**men**	hombre	>	hombres
woman	>	**women**	mujer	>	mujeres
child	>	**children**	niño	>	niños
foot	>	**feet**	pie	>	pies
tooth	>	**teeth**	diente	>	dientes
mouse	>	**mice**	ratón	>	ratones
sheep	>	**sheep**	oveja	>	ovejas

La palabra "**people**", aunque a veces pueda equivaler a "gente" en español, que es un sustantivo incontable, en inglés es el plural de "**person**" y, por lo tanto, contable.

a person – two **people** / two persons   *una persona – dos personas*

¿Cómo se dicen los números cardinales de 100 a 1.000.000.000 en inglés?

The numbers 100 to 1,000,000,000
(Los números 100 a 1.000.000.000)

100	a / one hundred
101	one hundred one
200	two hundred
248	two hundred forty-eight
785	seven hundred eighty-five
1.000	a / one thousand
37.102	thirty-seven thousand one hundred two
512.928	five hundred twelve thousand nine hundred twenty-eight
1.000.000	a / one million
345.000.000	three hundred forty-five million
1.000.000.000	a / one billion

Un par de anotaciones importantes:

● En inglés, los miles y millones se marcan con comas, y nunca con puntos.

1,000   1,000,000   1,000,000,000

● Las palabras "hundred", "thousand" y "million" siempre aparecen en singular cuando acompañan a un número.

300 three **hundred**   6,000 six **thousand**   9,000,000 nine **million**

There are **254 (two hundred fifty-four)** counties in the state of Texas.
Hay 254 (doscientos cincuenta y cuatro) condados en el estado de Texas.

BLOQUE 3

¿Qué es el caso genitivo?

El **caso genitivo** es una manera de expresar posesión sin usar adjetivos posesivos. Se utiliza cuando en la frase aparecen tanto el poseedor como aquello que se posee.

En inglés, primero aparece el poseedor, a este se le añade un apóstrofo y una "s", y después, aquello que se posee:

La computadora de Ana

Ana('s) computer

My brother's name is Ignacio.	*El nombre de mi hermano es Ignacio.*
My dad's assistant is from Maine.	*El asistente de mi papá es de Maine.*

● Cuando el poseedor acaba en "s" por ser un nombre plural, solo se agrega el apóstrofe:

Your friends' house is really big.	*La casa de tus amigos es muy grande.*

● El caso genitivo también se utiliza cuando "el poseedor" es un adverbio de tiempo:

Today's meeting.	*La reunión de hoy.*

¿Cómo podemos comunicarnos de forma educada?

Es momento de aprender algunas expresiones que nos serán muy útiles para comunicarnos e interactuar con otras personas en el día a día. Estas son algunas de ellas:

● Cuando se solicita alguna cosa, se suele acompañar de la palabra "**please**" (*por favor*).

Sign here, **please**.   *Firme aquí, por favor.*

● Si no entendemos algo que nos dicen, para pedir que nos lo repitan, podemos utilizar "**Excuse me?**" (*¿Cómo?*), "**Pardon?**" (*¿Perdón?*), o simplemente, "**What?**" (*¿Qué?*).

Please, wait here.   *Por favor, espere aquí.*
Excuse me?   *¿Cómo?*

● Cuando queremos pedir disculpas por algo, decimos "**I'm sorry**" o simplemente "**Sorry**" (*Lo siento / Perdón / Disculpe*).

You took my chair.   *Tomaste mi silla.*
Oh, **I'm sorry!**   *¡Oh, lo siento!*

¿Cuáles son los nombres contables e incontables?

Los sustantivos o nombres pueden ser contables o incontables.

● Los nombres contables son aquellos que se pueden contar, por lo tanto, tienen forma singular y plural.

two **houses**   *dos casas*   thirteen **people**   *trece personas*

● Los nombres incontables son aquellos que no se pueden contar. Entre ellos están los nombres de líquidos, gases, materiales, nombres abstractos, etc. Estos solo tienen forma singular.

rice	*arroz*	**water**	*agua*
money	*dinero*	**love**	*amor*

Los nombres incontables hacen conjugar al verbo en 3ª persona del singular (como he, she o it) y suelen ir acompañados de "**some**" o "**any**".

There is **some milk** in the fridge.   *Hay leche en la nevera.*

¿Cómo nos dirigimos a alguien formalmente?

En ocasiones necesitaremos dirigirnos a las personas formalmente. El tratamiento para tales casos es:

Para hombres, **Mr.** (Mister)   *Sr. (Señor)*
Para mujeres casadas, **Mrs.** (Misses)   *Sra. (Señora)*
Para mujeres solteras, **Miss.**   *Srta. (Señorita)*
Para mujeres, sin especificar   *Sra. o Srta.*
su estado civil, **Ms.**

Estos tratamientos se usan seguidos del apellido o nombre y apellido de la persona. Veamos:

I talk to **Mrs.** <u>Jones</u> every day.   *Hablo con la Sra. Jones todos los días.*

Si no decimos el apellido, debemos usar "sir" (*señor*) o "madam" (*señora / señorita*). Así:

Good afternoon, **sir**!   *¡Buenas tardes, señor!*
Here's your check, **madam**.   *Aquí está su cheque, señora.*

¿Cómo se usa la forma impersonal "hay"?

La expresión impersonal "hay" equivale, en inglés, a las formas "**there is**" y "**there are**".

● "**There is**" se utiliza con nombres incontables o nombres contables en singular y se puede contraer en "**there's**":

There's some sugar in the kitchen. Hay azúcar en la cocina.
There is a rug in the living room. Hay un tapete en la sala.

● "**There are**" se usa con nombres contables en plural y no se puede contraer:

There are six chairs in the dining room. Hay seis sillas en el comedor.

● En negaciones, se usan "**there isn't** (**there is not**)" y "**there aren't** (**there are not**)":

There isn't a library here. No hay una biblioteca aquí.
There aren't cars outside. No hay coches afuera.

● Para realizar preguntas, se invierte el orden de las palabras: **Is there...?**, **Are there...?**

Is there a bakery close by? ¿Hay una panadería cerca?
Are there any eggs for the cake? ¿Hay huevos para el pastel?

● Las preguntas anteriores se pueden responder afirmativa y negativamente en forma breve:

Is there a bakery close by? **Yes, there is.**

Are there any eggs for the cake? **No, there aren't.**

Inglés Básico Súper Rápido

★ Una pausa en Idaho

![Vista del Lucky Peak State Park]

Vista del Lucky Peak State Park, en Idaho, un lugar perfecto para pasear en bote.

Grangeville se encuentra en el centro norte de Idaho. La comunidad se considera la puerta a cinco áreas silvestres y cuatro bosques nacionales, con un total de cinco millones y medio de acres. Solo Alaska lo supera en áreas silvestres declaradas.

 ## Acerca de la visa estadounidense...

(Visas E1/E2) COMERCIANTE / INVERSIONISTA CONTRATADO
La visa de **comerciante bajo tratado (E1)** o de **inversionista bajo tratado (E2)** es para ciudadanos de países con los cuales EE. UU. ha firmado tratados de comercio y navegación, y que viajen a los Estados Unidos para realizar alguna actividad comercial sustancial, que incluye servicios o tecnología, principalmente entre los Estados Unidos y el país del tratado, o para desarrollar y dirigir las operaciones de una empresa en la cual el ciudadano extranjero hubiera invertido o fuera a invertir un capital considerable.

La clasificación de **visa de no inmigrante E1** permite a los ciudadanos de un país con tratado entrar en los Estados Unidos exclusivamente para dedicarse al comercio internacional en su propio nombre.

La clasificación de **visa de no inmigrante E2** permite a los ciudadanos de un país con tratado entrar en los Estados Unidos cuando fueran a invertir un capital considerable en una empresa estadounidense.

BLOQUE 3

¿Cómo se usan "some" y "any"?

Las palabras "**some**" y "**any**" son adverbios que nos indican la cantidad de alguna cosa. Veamos cómo usarlos.

SOME se utiliza en frases afirmativas.

● Con nombres incontables, indica "**algo**".

There is **some** oil in the bottle.   *Hay (algo de) aceite en la botella.*

● Con nombres contables, equivale a "**algunos/as**".

There are **some** cookies in the box.   *Hay (algunas) galletas en la caja.*

ANY se usa en frases negativas y preguntas.

● En frases negativas, lo usamos de la siguiente forma:

• Delante de nombres incontables, equivale a "**nada**".

There isn't **any** oil in the bottle.   *No hay (nada de) aceite en la botella.*

• Ante sustantivos contables, significa "**ningún/a**".

There aren't **any** cookies left.   *No hay galletas (ninguna galleta).*

● En preguntas, lo usamos de la siguiente forma:

• Delante de nombres incontables, equivale a "**algo**".

Is there **any** oil in the bottle?   *¿Hay (algo de) aceite en la botella?*

• Ante sustantivos contables, significa "**algunos/as**".

Are there **any** cookies in the box?   *¿Hay (algunas) galletas en la caja?*

Es obligatorio usar los cuantificadores **some** o **any** en los casos citados.

Una pausa en Hawái

Hilo es la ciudad costera de Isla Grande, que tiene la mayor concentración de población, además de paisajes con cascadas que la embellecen.

Las islas hawaianas son las cimas salientes de la cadena montañosa más grande del mundo. Los volcanes submarinos que entraron en erupción hace miles de años formaron las islas Hawái.

Honolulu es la ciudad más grande del mundo, al menos tiene las fronteras más largas. De acuerdo con la constitución del estado, cualquier isla (o islote) que no se nombre como perteneciente a un condado pertenece a Honolulu. Esto hace que todas las islas dentro del archipiélago hawaiano, que se extienden hasta la isla Midway (1500 millas al noroeste de Hawái), sean parte de Honolulu. Honolulu tiene aproximadamente 1.500 millas de largo.

Las cien palabras más usadas en inglés (201 a 300)

Across	A través, enfrente de	Coffee	Café
Afternoon	Tarde	Cold	Frío
Again	Otra vez	Come from	Venir de
Agreement	Acuerdo	Construction worker	Obrero de la construcción
Airport	Aeropuerto	Contractor	Contratista
Amount	Cantidad	Count	Contar
Answer	Contestar	Country code	Código de país
Apartment	Apartamento	Crime	Delito
Application form	Formulario de solicitud	Deliver	Enviar
		Dial	Discar
Apply	Postularse	Difference	Diferencia
Around	Alrededor	Difficult	Difícil
As	Como	Dirty	Sucio
Ask	Preguntar	Driver license	Licencia de conducir
Attorney	Abogado, fiscal		
Authority	Autoridad	Employee	Empleado
Average	Promedio	Employer	Empleador
Bank	Banco	Experience	Experiencia
Behind	Detrás	Family	Familia
Border	Frontera	Feel	Sentir
Bottle	Botella	First	Primero
Box	Caja	Follow	Seguir
Break	Romper	Free	Libre
Bring	Traer	Hand	Mano
Building	Edificio	Hard	Difícil
Burn	Quemar	Head	Cabeza
Can	Poder	High	Alto
Cash	Dinero en efectivo	Hope	Esperanza
		Hot	Caliente
Change	Cambiar	Important	Importante
Check	Cheque	Information	Información

Insurance	Seguro
Interest	Interés
Key	Llave
Last	Último
Learn	Aprender
Leave	Partir
Little	Pequeño
Long	Largo
Low	Bajo
Mad	Furioso, loco
Meaning	Significado
Next	Próximo
Night	Noche
Often	A menudo
People	Gente
Person	Persona
Phone	Teléfono
Prepaid	Prepagado
Purchase	Adquirir
Rate	Tarifa, tasa
Rent	Alquilar
Return	Devolver
Road	Camino
Save	Ahorrar
Should	Deber (para dar consejos)
Sick	Enfermo
Since	Desde
Spend	Gastar
Still	Aún
Teach	Enseñar
Tell	Decir

Think	Pensar
Three	Tres
Tip	Propina
Tomorrow	Mañana
Tonight	Esta noche
Too	También
True	Verdad
Under	Debajo
Yesterday	Ayer
Yet	Todavía

¿Para qué se usan los adjetivos?

Los adjetivos son palabras que se usan para describir personas, animales, cosas, lugares, circunstancias, etc., es decir que indican las diferentes características que tienen. Así, pueden hacer referencia al color, el tamaño, la procedencia, el peso, el aspecto, etc.

His car is **modern** and **expensive**.

Su coche es moderno y caro.

The U.S. flag is **red**, **white** and **blue**.

La bandera de EE. UU. es roja, blanca y azul.

Los adjetivos tienen una sola forma y son invariables para el masculino, femenino, singular y plural.

Caleb is **smart**.

Caleb es inteligente.

Alejandra is **smart**.

Alejandra es inteligente.

Caleb and Alejandra are **smart**.

Caleb y Alejandra son inteligentes.

Cuando los adjetivos acompañan a un nombre, se colocan delante de él, lo cual es diferente al español, idioma en el que suelen aparecer tras el sustantivo.

It's an **interesting** <u>book</u>.

Es un libro interesante.

They are **good** <u>people</u>.

Ellos/as son buenas personas.

That **blue** <u>shirt</u> is mine.

Esa camisa azul es mía.

¿Cómo se usan los adverbios de intensidad?

Los adverbios "**very**" *(muy)* y "**quite**" *(bastante)* se colocan delante de adjetivos o de otros adverbios para reforzar la intensidad de su significado.

Hannah sings **very** well.
The exercise is **very** difficult.
That documentary is **quite** interesting.

Hannah canta muy bien.
El ejercicio es muy difícil.
Ese documental es bastante interesante.

⭐ Una pausa en Indiana

El Monumento a los Soldados y Marineros, erigido en honor a los veteranos de la Revolución Americana, se encuentra en Indianápolis, capital de Indiana.

Muchos menonitas y amish viven en las tierras de cultivo del noreste de Indiana. Una de las congregaciones menonitas más grandes de los Estados Unidos se encuentra en Berne, Indiana. De acuerdo con las reglas amish, tienen prohibido conducir automóviles, usar electricidad o ir a lugares públicos de entretenimiento.

BLOQUE 3

¿Qué es y para qué se usa el gerundio?

El gerundio es la forma de los verbos que termina en **-ing** y tiene distintas funciones en inglés, las cuales aprenderemos más adelante. Equivale en español a las formas acabadas en "-ando" e "-iendo" (*saltando, corriendo, partiendo, etc.*).

Veamos cómo se forma el gerundio:

● La regla general es "infinitivo + ing".

learn + ing = learning   *(aprender – aprendiendo)*

● Si el infinitivo acaba en "e" muda, esta desaparece al añadir "ing".

come + ing = coming   *(venir – viniendo)*

● Si el infinitivo acaba en "e" sonora, esta no desaparece.

see + ing = seeing   *(ver – viendo)*

● Si el infinitivo acaba en "ie", estas cambian a "y" antes de agregar "ing".

lie + ing = lying   *(mentir – mintiendo)*

● Si el infinitivo acaba en "y", esta permanece y se añade "ing".

study + ing = studying   *(estudiar - estudiando)*

● Si el infinitivo acaba en "consonante-vocal-consonante" y la última sílaba es la acentuada, la última consonante se duplica antes de añadir "ing".

cut + ing = cutting   *(cortar – cortando)*

¿Cómo preguntamos por significados en inglés?

Para preguntar por el significado de una palabra, usamos el verbo "**to mean**" *(significar)*.

What does "bill" **mean**?   *¿Qué significa "bill"?*
"Bill" **means** "proyecto de ley".   *"Bill" significa "proyecto de ley".*

Otra forma de preguntar por el significado de algo es la siguiente:

What's the meaning of "bill"?   *¿Cuál es el significado de "bill"?*

 ## Acerca de la visa estadounidense...

(Visas H, L, O, P, Q, R) TRABAJADOR / EMPLEO TEMPORAL O PASANTES

Si un solicitante desea trabajar en los Estados Unidos de forma temporal como no inmigrante, en el marco de las leyes de inmigración de los EE. UU., el solicitante necesita una visa específica, según el tipo de trabajo que fuera a realizar. La mayoría de las categorías de trabajador temporal requieren que el potencial empleador o agente del solicitante presente una solicitud I-129, que debe ser aprobada por el Servicio de Ciudadanía e Inmigración de los EE. UU. (USCIS) antes de que el solicitante pueda solicitar una visa.

(H1-B) Personas con Especialidades Profesionales. Los solicitantes de este tipo de visa deben contar con la aplicación teórica y práctica de un cúmulo de conocimientos altamente especializados que requieran la realización de algún curso específico de estudios superiores. Esta categoría también incluye a modelos del mundo de la moda y proyectos de investigación y desarrollo a nivel de gobiernos o de coproducción administrados por el Departamento de Defensa.

Tratado de Libre Comercio (FTA) Profesional (H-1B1). Esta categoría de visa fue creada a raíz del Tratado de Libre Comercio entre los Estados Unidos y Chile, y el Tratado de Libre Comercio entre los Estados Unidos y Singapur. Los trabajadores temporales H-1B1 se definen como aquellas personas que trabajarán en el sector servicios, en ocupaciones de especialidad, de forma temporal.

BLOQUE 3

¿Qué es el presente continuo?

El presente continuo es un tiempo verbal que se forma con el **presente del verbo "to be"** y el **gerundio (infinitivo + ing)** del verbo principal.

● En su forma afirmativa, se usa de la siguiente manera:

I **am cooking** dinner.	*Estoy cocinando la cena.*
He **is working** on a project.	*Él está trabajando en un proyecto.*
We **are playing** basketball.	*Estamos jugando al baloncesto.*

● En la forma negativa, se usa el negativo del verbo "**to be**":

You **aren't cleaning** the windows.	*Ustedes no están limpiando las ventanas.*
The kid **isn't playing** in the backyard.	*El niño no está jugando en el patio.*
It **isn't working.**	*No está funcionando.*

● En las preguntas, se invierte el orden de "**to be**" y el sujeto:

Are you **eating** an apple?	*¿Estás comiendo una manzana?*
Is she **taking** a shower?	*¿Está ella tomando una ducha?*
What **are** they **doing?**	*¿Qué están haciendo?*

¿Cuáles son los usos del presente continuo?

El presente continuo tiene algunos usos que son muy importantes y comunes en el inglés del día a día.

🔴 Indica una acción que está ocurriendo en el momento en que se habla o en un momento cercano a ese.

I **am not sleeping** right now.	*Yo no estoy durmiendo ahora mismo.*
Is she **calling** a friend?	*¿Está ella llamando a una amiga?*
He**'s reading** "War and Peace".	*Él está leyendo Guerra y Paz.*

🔴 Este tiempo verbal también se utiliza para expresar futuro (este tema se tratará más adelante).

¿Cómo se usa el verbo "to be wearing"?

"**To be wearing**" equivale en español a "llevar puesto", por lo que es especialmente usado en el vocabulario relacionado con la ropa.

What **are** you **wearing**? ¿Qué llevas puesto?
I **am wearing** a blue dress. Llevo puesto un vestido azul.

Aunque en español expresamos lo que llevamos puesto en presente simple ("llevo puesto"), en inglés necesitamos hacerlo en presente continuo ("I am wearing").

★ Una pausa en Illinois

Lincoln Park es uno de los barrios más conocidos de Chicago, en Illinois.

El primer rascacielos del mundo se construyó en Chicago, Illinois, en 1885. En la actualidad, la Torre Willis o Sears, en la misma ciudad, es uno de los edificios más altos del continente norteamericano.

¿Cuáles son los adverbios de tiempo para el presente?

Los adverbios de tiempo son palabras que nos sirven para expresar en qué momento se realiza una acción. Conoce a continuación los adverbios usados al expresar acciones en presente, bien de forma simple o continua.

now	*ahora*
right now	*ahora mismo*
at the moment	*en este momento*
at present	*en la actualidad*
every day	*todos los días*
currently	*actualmente*
today	*hoy*
tonight	*esta noche*
this week	*esta semana*
this month	*este mes*
this year	*este año*

Are you reading a book **now**?
They are visiting their relatives **this week**.
It's snowing **tonight**.
Perla is living in Miami **at the moment**.
She goes to the gym **every day**.
Today I'm not wearing a jacket.

¿Estás leyendo un libro ahora?
Ellos están visitando a sus parientes esta semana.
Está nevando esta noche.
Perla está viviendo en Miami en este momento.
Ella va al gimnasio todos los días.
Hoy no llevo puesta una chaqueta.

¿Cómo se usan las preposiciones de tiempo "in", "on" y "at"? [1ª parte]

Para ubicar los diferentes eventos en el tiempo que suceden, sucedieron o van a suceder, usaremos las preposiciones "**in**", "**on**" y "**at**". Veamos cuándo usamos cada una.

IN se usa:

- Con meses, estaciones y años.

The appointment is **in** April.	*La cita es en abril.*
It's cold **in** winter.	*Hace frío en invierno.*
He was born **in** 1980.	*Él nació en 1980.*

- Con partes del día.

in the morning	*por la mañana*
in the afternoon	*por la tarde*
in the evening	*por la tarde/noche*
They watch TV **in** the evening.	*Ellos miran la televisión por la noche.*

Pero:

at night   *por la noche*

🔴 Para expresar "dentro de + período de tiempo".

They will be here **in** two hours.   *Estarán aquí dentro de dos horas.*

ON se usa:
🔴 Al referirnos a un día o a una fecha determinada.

The wedding is **on** May, 15th.   *La boda es el 15 de mayo.*

🔴 Si nos referimos a un día y a una parte de ese día, se usa "on", pero desaparece "in the" delante de la parte del día.

I usually work **on** Monday   *Normalmente trabajo los lunes por la*
mornings.   *mañana.*

🔴 En expresiones como "**on** the weekend/**on** weekends" *(el fin de semana/los fines de semana).*

We sometimes go out **on**   *Nosotros a veces salimos los fines de*
weekends.   *semana.*

Una pausa en Iowa

La famosa película *Los puentes de Madison* está ambientada en el año 1965, en Iowa. Protagonizada por Meryl Streep y Clint Eastwood, relata la historia de la solitaria ama de casa que conoce a un fotógrafo que ha llegado a Madison para retratar los puentes de la región.

Vista del puente peatonal y el capitolio de Des Moines, capital de Iowa.

BLOQUE 3

Las expresiones más usadas en inglés en...

■ The garden *(El jardín)*

Water plants regularly.	*Regar las plantas con frecuencia.*
Do not over-water.	*No regar en exceso.*
Need direct sunlight.	*Necesitar luz natural.*
Need little sunlight.	*Necesitar poca luz.*
Pull the weeds.	*Quitar las hierbas.*
Trim the bushes.	*Podar los arbustos.*
Mow the lawn.	*Cortar el césped.*
Fertilize the soil monthly.	*Fertilizar la tierra mensualmente.*
Rake the leaves.	*Rastrillar las hojas.*

■ The school *(La escuela)*

What's my school district?	*¿Cuál es mi distrito escolar?*
I'd like to visit the school.	*Me gustaría visitar la escuela.*
Could I see the classrooms?	*¿Podría ver las aulas?*
Is school bus available for free?	*¿Hay servicio gratuito de transporte escolar?*
Is child care available before/after school?	*¿Hay cuidado de niños antes/después de la escuela?*
We need your contact information.	*Necesitamos su información de contacto.*
We need your permission to...	*Necesitamos su permiso para...*
Is a nurse available at all times?	*¿Hay una enfermera disponible en todo momento?*
Can we set up a conference?	*¿Podemos concertar una reunión?*

■ The post office *(El correo)*

I'd like to send this package to Mexico.	Quisiera enviar este paquete a México.
Fill out the customs form, please.	Complete el formulario de la aduana, por favor.
How much would you like to insure the package for?	¿Por cuánto quiere asegurar el paquete?
When do you want this package to arrive?	¿Cuándo quiere que llegue el paquete?
What are you mailing?	¿Qué envía?
How much does it weigh?	¿Cuánto pesa?
It weighs 10 ounces.	Pesa 10 onzas.
Are you sending an envelope or a package?	¿Va a enviar un sobre o un paquete?
I'd like to wire some money to Puerto Rico.	Quisiera hacer un giro postal a Puerto Rico.
How long does it take to get there?	¿Cuánto tarda en llegar allí?

■ The doctor's office *(El consultorio médico)*

Make an appointment.	Concertar una cita.
Breathe deeply.	Respire profundamente.
I'll check your temperature.	Controlaré su temperatura.
I'll check your heart beat.	Controlaré su pulso.
I'll check your blood pressure.	Controlaré su presión sanguínea.
Are you allergic?	¿Usted es alérgico?
Please have these tests done.	Por favor, hágase estos análisis.
I'll write you a prescription.	Voy a hacerle una receta.
Are you taking any medicine?	¿Está tomando algún medicamento?

BLOQUE 3

¿Cómo se usan las preposiciones de tiempo ("in", "on", "at")? [2ª parte]

Ya vimos anteriormente cómo se usan "in" y "on". Sigamos aprendiendo.

AT se usa:

- Al referirnos a alguna hora.

I get up **at** 6:00.	Me levanto a las 6:00.
I have a meeting **at** noon.	Tengo una reunión al mediodía.

- Con ciertos períodos de tiempo.

at Christmas	en Navidad
at Easter	en Semana Santa
I usually visit my family **at** Christmas. *	Normalmente visito a mi familia en Navidad.

✪ Notemos que "Christmas" no se refiere al día de Navidad, sino a la temporada navideña.

¿Cómo se usan las conjunciones "and", "or" y "but"?

A estas conjunciones se les llama también "conectores" porque sirven para unir elementos en la frase o frases enteras, pero la función de cada una es muy diferente. Veamos:

AND: *Y*

Se utiliza para unir elementos o frases que tienen cierta relación.

Gabriel **and** Lucy are lawyers.
I live in Colombia **and** you live in Mexico.

Gabriel y Lucy son abogados.
Yo vivo en Colombia y tú vives en México.

OR: *O*

Se utiliza para presentar una alternativa.

Are you his mom **or** his aunt?
Her name is Sarah **or** Sandra.

¿Es usted su madre o su tía?
Su nombre es Sarah o Sandra.

BUT: *PERO, SINO*

Se usa para expresar ideas que contrastan.

She is busy, **but** she is coming to the party.
I don't speak Chinese, **but** Japanese.

Ella está ocupada, pero vendrá a la fiesta.
Yo no hablo chino, sino japonés.

¿Cómo preguntamos y decimos la hora?

Para preguntar la hora, podemos emplear algunas opciones:

What time is it?
What's the time?
¿Qué hora es?

Y para responder a estas preguntas, podemos decir:

It's twenty after two.   *Son las dos y veinte.*

Como vemos en el ejemplo, primero expresamos los minutos y luego las horas. Entre los minutos y las horas, usaremos "**after**" si el minutero está entre las 12 y las 6, y "**to**" si el minutero está entre las 6 y las 12. Es decir que "**after**" corresponde a "y", y "**to**" corresponde a "menos".

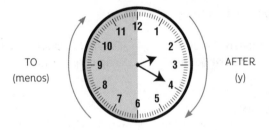

TO
(menos)

AFTER
(y)

01:10   It's ten **after** one.   *Es la una y diez.*
03:55   It's five **to** four.   *Son las cuatro menos cinco.*

Veamos cómo expresamos la hora en otros casos.

● Para marcar las horas en punto: It's + hora + **o'clock.**

09:00   It's nine **o'clock.**   *Son las nueve en punto.*

● Para marcar las horas y media: It's + **half past** + hora.

11:30   It's **half past** eleven.   *Son las once y media.*

● Para marcar los cuartos: It's + **a quarter** + **after / to** + hora.

08:15   It's **a quarter after** eight.   *Son las ocho y cuarto.*
02:45   It's **a quarter to** three.   *Son las tres menos cuarto.*

También podemos expresar la hora simplemente leyendo las horas y los minutos: **It's** + **horas** + **minutos**.

07:45   It's seven forty-five.   *Son las siete cuarenta y cinco.*
02:30   It's two thirty.   *Son las dos treinta.*

Para expresar la hora en que tiene lugar algún evento o acción se usa la preposición **"at"** *(a las)*.

What time is the game? It's **at** nine o'clock.
¿A qué hora es el juego? Es a las nueve en punto.

¿Cómo se usa el verbo "can"?

El verbo "**can**" (*poder*) es un verbo modal que usamos para expresar posibilidad o habilidad para hacer algo (por lo que también equivale a "saber").

● "**Can**" se utiliza delante de un infinitivo (sin "to") y tiene una forma invariable para todas las personas. Es decir que en presente no añade "-s" en la tercera persona.

I **can** pass the exam.	*Yo puedo aprobar el examen.*
She **can** play the guitar.	*Ella sabe tocar la guitarra.*

● La forma negativa de "can" es "can not", "cannot", o, la más usada, "**can't**".

He **can't** read yet.	*Él no sabe leer aún.*
They **can't** believe it.	*Ellos no pueden creerlo.*

● Al tratarse de un verbo auxiliar, en preguntas se coloca delante del sujeto, como sucede con el verbo "to be".

Can you get me a coffee?	*¿Puedes traerme un café?*
What **can** your parents do?	*¿Qué pueden hacer tus padres?*

● Si la pregunta empieza con "can", la respuesta puede ser corta.

Can you speak Russian?	*¿Sabes hablar ruso?*
Yes, I can. / No, I can't.	*Sí, sé. / No, no sé.*

● Si la pregunta empieza con un pronombre interrogativo, la respuesta deberá ser más extensa, dando la información que se solicitó.

When can you call?	*¿Cuándo puedes llamar?*
I can call on Friday.	*Puedo llamar el viernes.*

● "**Can**" también se utiliza para pedir y dar permiso.

Can I come in?	*¿Puedo entrar?*
You **can** go to the party.	*Puedes ir a la fiesta.*

Inglés Básico Súper Rápido

Una pausa en Maine

Vista aérea del puerto de Maine en otoño.

Las langostas de Maine, Hard Shell y New Shell se pescan a mano con el fin de proteger la calidad y el hábitat marino. Han ganado fama internacional por su sabor y aporte al mundo culinario junto con los arándanos. Maine produce el 99% del país, lo que lo convierte en el mayor productor de arándanos de los Estados Unidos.

¿Para qué nos sirve el deletreo?

Al hablar inglés, es muy común que se nos pida (o que pidamos) deletrear un nombre, un apellido o cualquier otra palabra que no se entienda muy bien cuando se pronuncie.

Para preguntar cómo se deletrea una palabra, podemos usar alguna de las siguientes expresiones:

Can you spell...?	*¿Puedes deletrear...?*
How do you spell...?	*¿Cómo deletreas...?*

Can you spell the word "building"?   *¿Puedes deletrear la palabra "building"?*

¿Cómo podemos pedir que se repita una información?

Para pedir informalmente que alguien nos repita algo, hacemos uso de los verbos "can" y "repeat" en una pregunta.

Can you **repeat** your name, please?   *¿Puedes repetir tu nombre, por favor?*

¿Cómo podemos disculparnos?

Se utiliza "**Excuse me**" (*Disculpe*) antes de pedir información o ayuda, y cuando se pueda ocasionar alguna molestia.

Se usa "**Sorry**" o "**I'm sorry**" (*Perdone/Lo siento*) cuando se ha ocasionado alguna molestia, aunque en inglés americano se suele usar también "**Excuse me**".

—**Excuse me.** Are you Mr. Williams?
—No, I'm not. I'm Mr. Black.
—Oh, **sorry**!

—*Perdone. ¿Es usted el Sr. Williams?*
—*No, no lo soy. Soy el Sr. Black.*
—*¡Oh, perdone!*

También se dice "**I'm sorry**" cuando no se puede ayudar a alguien (por ejemplo, cuando le preguntan por una dirección y no la conoce).

—Excuse me. Do you know Lincoln Avenue?
—No, I don't know the city. I'm a foreigner.
—**Oh, I'm sorry.**

—*Perdone. ¿Conoce la avenida Lincoln?*
—*No, no conozco la ciudad. Soy extranjero.*
—*Oh, discúlpeme.*

¿Cuáles son las preposiciones de lugar?

Estas expresiones se utilizan para indicar dónde se encuentra algo o alguien. Entre ellas podemos mencionar:

near	*cerca*
far (from)	*lejos (de)*
next to	*junto a*
beside	*al lado de*
behind	*detrás de*
in front of	*delante de*
between	*entre (dos)*
among	*entre (más de dos)*
across from	*enfrente de*
under	*debajo de*
above, over	*(por) encima de*

The library is **near** the school.
The airport is **far from** the hotel.
The park is **next to** the church.
The glass is **beside** the bottle.
The man is **behind** the door.
Sams's car is **in front of** his house.

My keys are **among** those things.
The dog is **under** the table.
There's a plane **over** the city.
The bank is **between** the shop and the hotel.

La biblioteca está cerca de la escuela.
El aeropuerto está lejos del hotel.
El parque está junto a la iglesia.
El vaso está al lado de la botella.
El hombre está detrás de la puerta.
El auto de Sam está delante de su casa.

Mis llaves están entre esas cosas.
El perro está debajo de la mesa.
Hay un avión sobre la ciudad.
El banco está entre la tienda y el hotel.

Una pausa en Kentucky

Desde el 1800, Bluegrass, en Kentucky, se impuso en la cría de caballos de raza por ser una de las regiones más propicias para esta actividad.

El primer restaurante Kentucky Fried Chicken, operado por el propio coronel Sanders, está ubicado en Corbin, Kentucky. Harland David Sanders, como realmente se llamaba el fundador de la cadena, recibió el reconocimiento del gobernador de Kentucky por su famoso pollo frito.

En 1934 se sirvieron por primera vez las hamburguesas con queso en el restaurante Kaolin's, en Louisville. En la misma ciudad, pero muchos años antes (1893), dos hermanas crearon y cantaron por primera vez la famosa canción "Happy Birthday to You". Ellas eran Mildred y Patty Smith Hill, maestras en Louisville, Kentucky.

BLOQUE 4

Las cien palabras más usadas en inglés (301 a 400)

Able	Capaz	Elevator	Ascensor
Above	Arriba de	Evening	Final de tarde, noche
Accept	Aceptar		
Agree	Estar de acuerdo	Find	Encontrar
Also	También	Four	Cuatro
Anybody	Alguien	Gas	Gasolina
Anyone	Alguien	Inch	Pulgada
Anything	Algo	Keep away	Mantenerse alejado
Ask for	Pedir		
At	A, en	Last name	Apellido
ATM	Cajero automático	Late	Tarde
		Left	Izquierda
Avenue	Avenida	Listen	Escuchar
Block	Cuadra	Look for	Buscar
Both	Ambos	Lose	Perder
Buy	Comprar	Necessary	Necesario
Care	Cuidado	Only	Solamente
Catch	Atrapar	Outside	Afuera
Citizen	Ciudadano	Over	Por encima
City	Ciudad	Pen	Bolígrafo
Come back	Regresar	Perfect	Perfecto
Come in	Entrar	Place	Lugar
Come on	Pedirle a alguien que se apure	Pull	Tirar, halar
		Push	Empujar
Credit card	Tarjeta de crédito	Quick	Rápido
		Really	Realmente
Debit card	Tarjeta de débito	Receive	Recibir
Delivery	Reparto, entrega	Requirement	Requisito
Die	Morir	Resident	Residente
Discussion	Conversación	Run	Correr
Dry	Seco	Run away	Escapar
Education	Educación	Safe	Seguro

School	Escuela		**Weekend**	Fin de semana
Seem	Parecer		**Welcome**	Bienvenido
Show	Mostrar		**While**	Mientras
Sit	Sentarse		**Whole**	Entero
Slow down	Disminuir la marcha		**Whose**	¿De quién?
Small	Pequeño		**Worry**	Preocuparse
Smoke	Fumar		**Would**	Auxiliar para ofrecer o invitar
Soda	Refresco		**Wrong**	Equivocado
Someone	Alguien		**Year**	Año
Sometimes	A veces		**Zero**	Cero
Sound	Sonar			
Speed	Velocidad			
Speed up	Acelerar			
Spell	Deletrear			
Station	Estación			
Store	Tienda			
Supermarket	Supermercado			
Telephone	Teléfono			
Temperature	Temperatura			
There are	Hay (plural)			
There is	Hay (singular)			
Through	A través de			
Times	Veces			
Toilet	Inodoro			
Try	Tratar			
Twice	Dos veces			
Us	A nosotros			
Walk	Caminar			
Wall	Pared			
Weather	Tiempo			
Week	Semana			

BLOQUE 4

¿Cuándo omitimos el artículo "the"?

En español, el artículo determinado es más frecuente que en inglés. Aprendamos los casos en los que en inglés <u>no</u> se utiliza el artículo, aunque sí aparezca en español.

🔹 Al referirnos a un nombre de manera general.

Money is important.   *El dinero es importante.*

🔹 Con los días de la semana.

The classes are **on Mondays**.   *Las clases son los lunes.*

🔹 Con la hora.

It's seven o'clock.   *Son las siete en punto.*
The match is **at 05:30**.   *El partido es a las 05:30.*

🔹 Con asignaturas o materias académicas.

I like **geography**.   *Me gusta la geografía.*

● En algunas expresiones.

watch televisión	*mirar la televisión*
have breakfast	*desayunar*
have lunch	*almorzar*
have dinner	*cenar*

We often **watch television** in the evening.

A menudo miramos la televisión por la noche.

She always **has dinner** at 6.

Ella siempre cena a las 6.

● Cuando el verbo "to play" significa "jugar" no se usa el artículo, pero si significa "tocar" (un instrumento), el artículo se incorpora.

I never **play baseball**.
He **plays the guitar** in a band.

Nunca juego al béisbol.
Él toca la guitarra en una banda.

● Ante una persona con título o tratamiento.

Mr. Brown *(el Sr. Brown)*   **President Miller** *(el presidente Miller)*

¿Cuáles son los adverbios de cantidad?

Estos adverbios son palabras que nos sirven para expresar poca o mucha cantidad de alguna cosa. Así:

- Para expresar gran cantidad de alguna cosa, se usan los adverbios "**much**", "**many**" y "**a lot of**".

much + nombre incontable	*mucho/a*
many + nombre contable	*muchos/as*
a lot of + nombre contable o incontable	*mucho/a/os/as*

"**A lot of**" se utiliza en frases afirmativas, mientras que "**much**" y "**many**" se usan en frases negativas y preguntas (aunque "many" puede aparecer también en algunas frases afirmativas).

I have **a lot of** friends.	*Tengo muchos amigos.*
There isn't **much** oil.	*No hay mucho aceite.*
Are there **many** boxes in the closet?	*¿Hay muchas cajas en el armario?*

● Para expresar poca o pequeña cantidad de alguna cosa, se usan "**little**" y "**few**".

little + nombre incontable	(un/a) poco/a
few + nombre contable	(unos/as) pocos/as

Tanto "**little**" como "**few**" se pueden usar en frases afirmativas, negativas e interrogativas.

| We have **little** time. | Tenemos poco tiempo. |
| There are **few** people in the restaurant. | Hay pocas personas en el restaurante. |

En estos ejemplos, la cantidad es pequeña y, de alguna manera, insuficiente. Para expresar que una cantidad es pequeña, pero suficiente, se hace uso de "**a little**" y "**a few**".

| We have **a little** time. | Tenemos un poco de tiempo. |
| There are **a few** people in the restaurant. | Hay unas pocas personas en el restaurante. |

Una pausa en Luisiana

El mundialmente famoso Mardi Gras se celebra en Nueva Orleans, Luisiana. El Mardi Gras es una antigua costumbre que se originó en el sur de Europa. Se celebra con comida y diversión el martes antes de que comience la Cuaresma: un tiempo católico de oración y sacrificio.

En el corazón de Nueva Orleans, Luisiana, se destaca la catedral de San Luis, dedicada al rey Luis IX de Francia.

BLOQUE 4

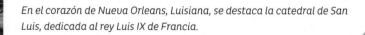

¿Cómo preguntamos por alguna cantidad?

Para preguntar por cantidades, se utilizan las siguientes expresiones:

How much + nombre incontable?	*¿Cuánto/a?*
How many + nombre contable?	*¿Cuántos/as?*

How much bread does he want?   *¿Cuánto pan quiere él?*
How many glasses do we need?   *¿Cuántas copas necesitamos?*

"**How much?**" se utiliza también para preguntar precios.

How much is the watch?   *¿Cuánto vale el reloj?*
How much does the watch cost?   *¿Cuánto cuesta el reloj?*

 ## Acerca de la visa estadounidense...

(H2-A) Trabajadores agrícolas estacionales. La visa H2-A permite a empresas estadounidenses llevar ciudadanos de otros países a los Estados Unidos para que realicen tareas agrícolas temporales para las cuales no hubiera trabajadores estadounidenses disponibles.

(H2-B) Trabajadores no agrícolas estacionales o temporales. El programa de trabajadores no agrícolas temporales H2-B permite a empresas estadounidenses llevar ciudadanos de otros países a los Estados Unidos para realizar tareas no agrícolas temporales.

(H3) Pasantes (no médicos o académicos). Este tipo de visa permite a ciudadanos de otros países viajar a los Estados Unidos para recibir capacitación en muchos sectores diferentes que incluyen agricultura, comercio, comunicaciones, finanzas, gobierno, transporte, profesiones, al igual que en sectores puramente industriales.

¿Cómo se usa la preposición "by" con medios de transporte?

Para referirnos a algún medio de transporte que se utiliza, se hace uso de la preposición "**by**".

I go to school **by bus**.
We always travel **by plane**.
How often do you travel **by train**?

Voy a la escuela en autobús.
Nosotros siempre viajamos en avión.
¿Con qué frecuencia viajas en tren?

Pero se usa "**on**" en la expresión "**on foot**" (*a pie*).

—How much is the bus ticket to the stadium?
—I don´t know. I never go there **by bus**, but **on foot**.

—¿Cuánto cuesta el billete del autobús para el estadio?
—No sé. Nunca voy allí en autobús, sino a pie.

¿Cuándo se usan "much", "many" y "a lot" al final de la frase?

Los adverbios "**much**", "**many**" y "**a lot**" pueden usarse también al final de las frases, sin acompañar a un nombre, el cual ya se da por supuesto.

Would you like some coffee?	¿Gustas café?
Yes, some, but not **much**.	Sí, un poco, pero no mucho.
I like grapes **very much**.	Me gustan mucho las uvas.
How many people are there at the conference?	¿Cuánta gente hay en la conferencia?
Not **many**.	No mucha.
Do you like history books?	¿Te gustan los libros de historia?
Yes, **a lot**.	Sí, mucho.

¿Cómo preguntamos y respondemos acerca del trabajo?

Cuando se quiera preguntar sobre el trabajo o la profesión de alguien, se pueden usar alguna de las siguientes expresiones:

What do you do?	¿A qué te dedicas? / ¿Qué haces?
What's your job?	¿Cuál es tu trabajo?

What's your job?	¿Cuál es tu trabajo?
I am an engineer.	Soy ingeniero.
What does he do?	¿A qué se dedica él?
He is a doctor.	Es doctor.
What do they do?	¿A qué se dedican ellos?
They are pilots.	Son pilotos.

Una pausa en Kansas

Así como Kansas se destaca por ser la ciudad de las fuentes, Wellington, especialmente, es conocida como la capital mundial del trigo. Produce suficiente trigo para hacer casi 40 mil millones de hogazas de pan.

Construida en París en 1910 y actualmente situada en Kansas, la fuente J. C. Nichols Memorial es uno de los monumentos más destacados de la ciudad.

BLOQUE 4

¿Cómo podemos expresar agrado y desagrado en inglés?

Para expresar agrado o desagrado en inglés, podemos usar algunos verbos que muestran los diferentes grados de intensidad que refieren que algo nos gusta o disgusta. Veamos:

like	gustar
dislike	no gustar (disgustar)
enjoy	disfrutar
love	encantar
hate	odiar
prefer	preferir

Estos verbos pueden ir seguidos de un nombre o un verbo:

● Un nombre.

I **like** sushi.
My sister **loves** country music.

Matt **hates** snakes.

Me gusta el sushi.
A mi hermana le encanta la música country.
Matt odia las serpientes.

● Un verbo. En este caso, este verbo suele tener forma de gerundio (aunque en español suela traducirse por infinitivo).

Jen **likes** watching movies.
My uncle **enjoys** painting.
My nieces **love** reading.

A Jen le gusta ver películas.
Mi tío disfruta pintando.
A mis sobrinas les encanta leer.

Pero cuando usamos la forma condicional de "like", "love", etc. (would like, would love, etc.), el verbo que le sigue ha de usarse en infinitivo (con "to").

Jen **would like** to watch movies.
My nieces **would love** to read.

A Jen le gustaría ver películas.
A mis sobrinas les encantaría leer.

¿Cómo decimos los números telefónicos en inglés?

Los números de teléfono se expresan dígito por dígito en inglés, pero cuando hay dos dígitos iguales seguidos, se puede decir también "double + número".

My phone number is 766 129308
(seven-**six-six/double six**-one-two-nine-three-zero-eight).

Mi número de teléfono es el 766 129308.

Una pausa en Maryland

En Annapolis, la capital de Maryland, se encuentra la Academia Naval de los Estados Unidos.

El 14 de septiembre de 1975, Elizabeth Ann Bayley Seton de Emmitsburg (Maryland) fue canonizada, convirtiéndose en la primera estadounidense nativa en recibir tal honor. Santa Isabel Ana formó la comunidad religiosa de las Hermanas de la Caridad.

BLOQUE 4

Las expresiones más usadas en inglés en...

◼ The hospital *(El hospital)*

Need a blood transfusion.	*Necesitar una transfusión de sangre.*
I have a pain in my chest.	*Tengo un dolor en el pecho.*
Where does it hurt?	*¿Dónde le duele?*
They took him to the hospital.	*Lo llevaron al hospital.*
She was admitted to the hospital.	*Fue internada en el hospital.*
How long is he going to stay at the hospital?	*¿Cuánto tiempo va a estar internado?*
Can somebody stay overnight?	*¿Alguien puede quedarse por la noche?*
Where's the waiting room?	*¿Dónde está la sala de espera?*
Need stitches.	*Necesitar puntos.*

◼ The drugstore *(La farmacia)*

Could you take my blood pressure?	*¿Puede tomar mi presión sanguínea?*
Your pressure is low/high.	*Su presión está baja/alta.*
Do I need a prescription for this medicine?	*¿Necesito una receta para este medicamento?*
What are your symptoms?	*¿Qué síntomas tiene?*
I need a fever reducer.	*Necesito un medicamento que baje la fiebre.*
I'd like something for a cold.	*Quisiera algo para un resfriado.*
What can I take for heartburn?	*¿Qué puedo tomar para la acidez?*
What can I take for a sore throat?	*¿Qué puedo tomar para el dolor de garganta?*
Are you open 24 hours?	*¿Está abierto las 24 horas?*

■ Case of emergency *(Caso de emergencia)*

In case of emergency, dial 911.	*En caso de emergencia, llame al 911.*
How many casualties?	*¿Cuántos heridos?*
There was a car crash.	*Hubo un choque de autos.*
Some people are seriously injured.	*Hay heridos graves.*
Where's the nearest hospital?	*¿Dónde está el hospital más cercano?*
Please, call for an ambulance.	*Por favor, llame una ambulancia.*
Are you hurt?	*¿Está usted herida?*
Could you give me your name and address?	*¿Puede darme su nombre y dirección?*
What's the emergency.	*¿Cuál es la emergencia?*

■ A construction site *(Una obra en construcción)*

Demolish a building.	*Demoler un edificio.*
Who's on your crew?	*¿Quién trabaja en su grupo?*
Hammer nails into wood.	*Clavar clavos en la madera.*
Pass me the screwdriver.	*Pásame el destornillador.*
Lay the foundation.	*Construir los cimientos.*
Put up drywall.	*Colocar la tablaroca.*
Measure the dimensions of the room.	*Medir las dimensiones de la habitación.*
Watch your head.	*Cuidado con su cabeza.*
Always keep hard hat on.	*Use siempre el casco.*

BLOQUE 5. ELEGIMOS PALABRAS QUE NOS AYUDAN A EXPRESARNOS

¿Cuáles son los pronombres personales objeto?

Los pronombres personales objeto son aquellos que se usan para sustituir a la persona, cosa o lugar que recibe la acción del verbo. Un sujeto la lleva a cabo; un objeto, la recibe.

Pronombres sujeto	Pronombres objeto
I	**me** (*me, a mí*)
you	**you** (*te, a ti, le, a usted*)
he	**him** (*le, lo, a él*)
she	**her** (*le, la, a ella*)
it	**it** (*le, lo, a ello*)
we	**us** (*nos, a nosotros/as*)
you	**you** (*os, a vosotros/as, les, a ustedes*)
they	**them** (*les, a ellos/as*)

Los pronombres personales objeto se pueden colocar detrás de los verbos o de las preposiciones.

● Detrás de un verbo:

He is <u>calling</u> **me**.　　　　　　*Él me está llamando.*
He <u>loves</u> **you**.　　　　　　　　*Él te ama.*
We are <u>teaching</u> **him** English.　　*Le estamos enseñando inglés (a él).*

● Detrás de una preposición:

We're staring <u>at</u> **him**.　　　　　*Lo estamos mirando fijamente (a él).*
We're staying <u>with</u> **her**.　　　　*Nos vamos a quedar con ella.*
These flowers are <u>for</u> **you**.　　　*Estas flores son para ti.*

¿Cómo podemos pedir permiso?

Hay diversas fórmulas que se usan para pedir permiso. En esta ocasión, se verán aquellas con los verbos modales "**can**", "**may**" y "**could**".

Con "can" se solicita permiso de una manera informal, mientras que con "may" y con "could" se hace más formalmente.

Can I ask you a question?	*¿Puedo hacerte una pregunta?*
May I come in?	*¿Puedo pasar?*
Could I use your pen?	*¿Puedo / Podría usar su bolígrafo?*

⭐ Una pausa en Michigan

El puente Azul corona la ciudad de Grand Rapids, en Michigan, conocida como "la ciudad del mueble" y, más tarde, por su industria.

Detroit, la ciudad más grande del estado de Michigan, es conocida como la capital mundial del automóvil.

En 1939, la Packard Motor Car Company fabricó el primer automóvil con aire acondicionado en esa ciudad.

BLOQUE 5

¿Cómo podemos presentarnos o presentar a otras personas?

Para presentarnos ante los demás o presentar a otra persona, existen diferentes formas, según sea un trato formal o informal.

⬢ Para presentarse uno a sí mismo, se puede elegir:

Hello, **I'm** Samuel.   *Hola, soy Samuel.*
(informal)

My name is Samuel.   *Mi nombre es Samuel.*
(formal)

⬢ Para presentar a otra persona, podemos usar una de estas opciones:

Jorge, **this is** Rachel.   *Jorge, ella es Rachel.*
(informal)

Let me introduce you to Rachel.   *Permítame presentarle a Rachel.*
(formal)

I'd like to introduce you   *Me gustaría presentarle a Rachel.*
to Rachel.
(formal)

⬢ Al saludarse, las personas que se han presentado pueden decir lo siguiente:

(It's) **nice to meet you.**   *Mucho gusto / Encantado de*
(informal)   *conocerte.*

(I'm) **pleased / glad to**   *Mucho gusto / Encantado de*
meet you.   *conocerte.*
(informal)

How do you do?*   *Es un placer conocerle.*
(formal)

✿ Esta pregunta se responde formulando la misma pregunta.

¿Cómo se usan "also", "too" y "as well"?

"**Also**", "**too**" y "**as well**" son tres formas de expresar "también" en inglés, pero se ubican en posiciones diferentes en la frase.

● "**Also**" se coloca detrás del verbo, si este es auxiliar (to be, can, etc.), y delante de él, si no es auxiliar.

They <u>are</u> **also** French.	*Ellos también son franceses.*
I **also** <u>live</u> in England.	*Yo también vivo en Inglaterra.*

● "**Too**" y "**as well**" se utilizan al final de la frase, en cualquier caso (con verbos auxiliares y no auxiliares). Ambas expresiones son intercambiables.

They are French **too / as well**.	*Ellos también son franceses.*
I live in England **too / as well**.	*Yo también vivo en Inglaterra.*

 Acerca de la visa estadounidense...

(L) Persona transferida dentro de la compañía

Esta visa es para solicitantes que, dentro de los tres años anteriores, hubieran estado empleados en el exterior de forma continua durante un año, y que fueran a ser contratados por una sucursal, matriz, filial o subsidiaria de esa misma empresa en los Estados Unidos para ocupar algún cargo gerencial, ejecutivo, o que requiera conocimientos especializados. La **visa L** permite a una empresa estadounidense transferir a un ejecutivo o gerente de una de sus oficinas filiales en el extranjero a una de sus oficinas en los Estados Unidos. Esta visa también permite a una compañía del exterior que aún no tenga una oficina filial en los Estados Unidos enviar a un ejecutivo o gerente a los Estados Unidos con el propósito de abrir una oficina allí.

(O) Personas con habilidades extraordinarias

La **visa O** es para la persona que posee alguna habilidad extraordinaria en el campo de las ciencias, artes, educación, negocios o atletismo, o tiene una trayectoria demostrada de logros extraordinarios dentro de la industria cinematográfica o televisiva y ha recibido reconocimiento nacional o internacional por esos logros.

BLOQUE 5

¿Qué son los adverbios de modo?

Los adverbios de modo son palabras que sirven para describir de qué manera se desarrolla una acción. Muchos adverbios de modo se forman a partir de adjetivos, a los que se les añade la terminación "**-ly**", que suele equivaler a la terminación "-mente" en español, pero algunos sufren alguna alteración.

◆ La regla general es añadir "**-ly**" al adjetivo.

slow (*lento*)	>	slow**ly** (*lentamente*)
quiet (*tranquilo*)	>	quiet**ly** (*tranquilamente*)

The dog is resting **quietly**.　　　*El perro está descansando tranquilamente.*

◆ Los adjetivos terminados en "**-y**" cambian la terminación por "**-ily**".

easy (*fácil*)	>	eas**ily** (*fácilmente*)

We can do it **easily**.　　　*Podemos hacerlo fácilmente.*

◆ Los adjetivos terminados en "**-le**" cambian la terminación por "**-ly**".

terrible (*terrible*)	>	terrib**ly** (*terriblemente*)

My arm hurts **terribly**.　　　*Me duele el brazo terriblemente.*

● Los adjetivos terminados en "**-ic**" cambian la terminación por "**-ically**".

automatic (*automático*)   >   automat**ically** (*automáticamente*)

The door opens **automatically**.   *La puerta se abre automáticamente.*

Algunos adverbios de modo tienen la misma forma que los adjetivos:

fast (*rápido / rápidamente*)   **hard** (*duro / duramente*)

The carpenter works **fast**.   *El carpintero trabaja rápidamente.*

El adverbio de modo relativo al adjetivo "good" (*buen, bueno*) es "**well**" (*bien*).

I can paint very **well**.   *Yo sé pintar muy bien.*

Los adverbios de modo se suelen colocar después del verbo:

They <u>speak</u> **perfectly**.   *Ellos hablan perfectamente.*

Pero si el verbo lleva complemento, el adverbio se coloca detrás de este y nunca entre el verbo y el complemento:

They speak <u>Spanish</u> **perfectly**.   *Ellos hablan español perfectamente.*

BLOQUE 5

¿Cómo se usa el pasado simple del verbo "to be"? [1ª parte]

El pasado simple del verbo "**to be**" se refiere a estados o situaciones que tuvieron lugar en el pasado. Tiene dos formas: "**was**" y "**were**", dependiendo del sujeto con el que aparezcan.

● En la forma afirmativa, se usan como se muestra en el cuadro.

I	**was**	yo era, estaba, fui, estuve
you	**were**	tú eras, estabas, fuiste, estuviste usted era, estaba, fue, estuvo
he	**was**	él era, estaba, fue, estuvo
she	**was**	ella era, estaba, fue, estuvo
it	**was**	era, estaba, fue, estuvo
we	**were**	nosotros éramos, estábamos, fuimos, estuvimos
you	**were**	vosotros erais, estabais, fuisteis, estuvisteis ustedes eran, estaban, fueron, estuvieron
they	**were**	ellos/as eran, estaban, fueron, estuvieron

I **was** in Ireland in 2015.	Yo estaba/estuve en Irlanda en 2015.
He **was** my teacher.	Él era/fue mi maestro.
They **were** busy last night.	Ellos estaban ocupados anoche.

● En la forma negativa, solo se añade "**not**" y puede contraerse: "**was not (wasn't)**" y "**were not (weren't)**".

She **wasn't** here this morning.	Ella no estaba/estuvo aquí esta mañana.
They **weren't** in the park.	Ellos no estaban/estuvieron en el parque.

¿Cómo se usa el verbo nacer ("to be born")?

El verbo "**to be born**" (*nacer*) se usa habitualmente en pasado, siendo sus formas "**was born**" y "**were born**", las cuales variarán según el sujeto.

—Where **were** you **born**?   —¿Dónde naciste?
—I **was born** in Brazil.   —Nací en Brasil.

Las formas negativas de este verbo son "**wasn't born**" y "**weren't born**".

He **wasn't born** in 1990,   Él no nació en 1990, sino en 1992.
but in 1992.

⭐ Una pausa en Massachusetts

Fundada en 1636, Harvard se estableció en Massachusetts y fue la primera universidad de América del Norte.

El condado de Norfolk (Massachusetts) es el lugar de nacimiento de cuatro presidentes de los Estados Unidos: John Adams, John Quincy Adams, John Fitzgerald Kennedy y George Herbert Walker Bush.

BLOQUE 5

¿Cómo se usa el pasado simple del verbo "to be"? [2ª parte]

Anteriormente, aprendimos las formas afirmativa y negativa del pasado simple del verbo "to be". Ahora conoceremos **la forma interrogativa**.

● En preguntas, colocamos "**was**" y "**were**" delante del sujeto:

Who **was** Marie Curie?   ¿Quién fue Marie Curie?

Were you happy when you   ¿Estaban (ustedes) felices cuando
heard the news?   escucharon la noticia?

● Para responder de forma corta, usamos las siguientes estructuras:

Was she your coworker?   ¿Era ella tu compañera de trabajo?
Yes, she **was.** / No, she **wasn't**   Sí, lo era. / No, no lo era.

Were you at the restaurant?   ¿Estuvieron en el restaurante?
Yes, we **were**. / No, we **weren't**.   Sí, estuvimos. / No, no estuvimos

¿Cómo se usan los adverbios de tiempo para el pasado?

Los adverbios de tiempo nos servirán para expresar en qué momento del pasado sucedieron ciertas acciones. A continuación, aparecen algunos de los más frecuentes.

before		*antes*
yesterday		*ayer*
yesterday	**morning**	*ayer por la mañana*
	afternoon	*ayer por la tarde*
	evening	*ayer por la noche*
last	**night**	*anoche*
	week	*la semana pasada*
	month	*el mes pasado*
	summer	*el verano pasado*
	year	*el año pasado*
... ago		*hace...*

I visited my parents **last week**.   *Visité a mis padres la semana pasada.*
They were here **five minutes ago**.   *Ellos estaban aquí hace cinco minutos*

Las cien palabras más usadas en inglés (401 a 500)

Actually	En realidad	**Drugstore**	Farmacia
Agency	Agencia	**Egg**	Huevo
Air	Aire	**Eight**	Ocho
Area Code	Código de área	**Electrician**	Electricista
Arrival	Llegada	**Engine**	Motor
Arrive	Llegar	**Expert**	Experto
Attack	Ataque	**Farmer**	Granjero
Aunt	Tía	**Feet**	Pies
Bakery	Panadería	**Fight**	Luchar
Beer	Cerveza	**Fire**	Fuego
Birthday	Cumpleaños	**Five**	Cinco
Blue	Azul	**Foreign**	Extranjero
Call	Llamar	**Forget**	Olvidar
Carry	Transportar	**Gas station**	Gasolinera
Cashier	Cajero	**Half**	Medio
Ceiling	Techo	**Hear**	Oír
Chance	Oportunidad	**Highway**	Autopista
Citizenship	Ciudadanía	**Holiday**	Día de fiesta,
Clear	Aclarar		festivo
Closet	Ropero	**Hotel**	Hotel
Comfortable	Cómodo	**Hundred**	Cien
Company	Compañía	**Ice**	Hielo
Computer	Computadora	**Kitchen**	Cocina
Counselor	Asesor	**Large**	Grande
Counter	Mostrador	**Light**	Luz
Culture	Cultura	**Lost**	Perdido
Debt	Deuda	**Meet**	Conocer a
Destination	Destino		alguien
Dining room	Comedor	**Move**	Mover
Dish	Plato	**Once**	Una vez
Distance	Distancia	**Opportunity**	Oportunidad
Downtown	Centro de la	**Our**	Nuestro
	ciudad	**Paper**	Papel
Driver	Conductor	**Passport**	Pasaporte

Permit	Permiso
Phone card	Tarjeta telefónica
Post office	Oficina de correos
Profession	Profesión
Quite	Bastante
Relation	Relación
Relationship	Relación
Remember	Recordar
Repeat	Repetir
Salesperson	Vendedor
Set up	Establecer
Sir	Señor
Sleep	Dormir
Smell	Oler
Stair	Escalera
Stamp	Estampilla
Stop by	Visitar por un corto período
Straight	Derecho
Subway	Subterráneo
Sweat	Transpirar
Thousand	Mil
Throw	Lanzar
Throw away	Tirar a la basura
Tool	Herramienta
Train	Tren
Truck	Camión
Trunk	Maletero
Turnpike	Autopista con peaje
Usually	Usualmente
Vacation	Vacación

Waist	Cintura
Warm	Cálido
Window	Ventana
World	Mundo
Worse	Peor

BLOQUE 5

¿Cómo se usa la forma impersonal "había" / "hubo"?

La expresión impersonal "había" / "hubo" equivale a las formas "**there was**" y "**there were**" en inglés. "**There was**" es la forma de pasado de "**there is**", y "**there were**" es la forma de pasado de "**there are**". Ambas expresiones se usan en los mismos casos que sus formas de presente.

There was <u>a pot</u> in the kitchen.   *Había una olla en la cocina.*

There were <u>some good restaurants</u>   *Había buenos restaurantes en el*
in the neighborhood.   *vecindario.*

Veamos cómo se usan en las frases negativas e interrogativas:

🔵 En frases negativas, se usan "**there wasn't (there was not)**" y "**there weren't (there were not)**".

There wasn't any water.　　No había agua.
There weren't any computers.　　No había computadoras.

🔵 En preguntas, se invierte el orden: "**Was there ...?**", "**Were there?**".

Was there a vase on the table?　　¿Había un jarrón en la mesa?
Yes, **there was**. / No, **there wasn't**.　　Sí, lo había. / No, no lo había.

Were there any toys on the floor?　　¿Había juguetes en el piso?
Yes, **there were**. / No, **there weren't**.　　Sí, había. / No, no había.

Una pausa en Misisipi

　　La localidad de Natchez fue colonizada por los franceses en 1716 y es el asentamiento permanente más antiguo junto al río Misisipi. Alguna vez residieron aquí alrededor de quinientos millonarios; más que en otras ciudades, exceptuando a Nueva York.
　　Natchez tiene más de quinientos edificios en el Registro Nacional de Lugares Históricos.

El río Misisipi es el más largo de los Estados Unidos y es la principal vía fluvial de la nación. Su apodo es Old Man River.

BLOQUE 5

¿Para qué se usan los pronombres posesivos?

Los pronombres posesivos se usan para sustituir al adjetivo posesivo y al nombre al que este acompaña, y así evitar la repetición.

Adjetivos posesivos	Pronombres posesivos	
my	mine	(el/la) mío
your	yours	(el/la) tuyo, (el/la) suyo (de usted)
his	his	(el/la) suyo (de él)
her	hers	(el/la) suyo (de ella)
its	its	(el/la) suyo (de ello)
our	ours	(el/la) nuestro
your	yours	(el/la) vuestro, (el/la) suyo (de ustedes)
their	theirs	(el/la) suyo (de ellos/as)

Estos pronombres tienen una forma invariable en masculino, femenino, singular y plural.

My cell phone is old, but **yours** is new.

Mi celular es viejo, pero el tuyo es nuevo.

He washes his car, but I don't wash **mine.**

Él lava su coche, pero yo no lavo el mío.

¿Cómo se usa el pronombre interrogativo "whose"?

El pronombre interrogativo "**whose?**" significa "¿de quién?, ¿de quiénes?".
Este pronombre forma preguntas con el verbo "**to be**".

Whose is this notebook?   ¿De quién es este cuaderno?

Las preguntas con "**whose**" se pueden realizar de dos maneras:

Whose are these <u>shoes</u>?   =   **Whose** <u>shoes</u> are these?
¿De quién son estos zapatos?

Estas preguntas se pueden responder, por ejemplo:

These shoes are **his**.   Estos zapatos son suyos (de él).

Acerca de la visa estadounidense...

(P) Atletas, artistas y presentadores de reconocimiento internacional
Para una **visa P-3**, el solicitante debe viajar a los Estados Unidos, ya fuera en forma individual o en grupo, con la finalidad de desarrollar, interpretar, representar, preparar o enseñar alguna función o presentación étnica, folclórica, cultural, musical, teatral o artística tradicional o singular. Además, el solicitante debe viajar a los Estados Unidos para participar en uno o más eventos culturales destinados a promover el conocimiento o desarrollo de la forma de arte. El programa puede ser de naturaleza comercial o no comercial.

(Q) Visitante de intercambio cultural internacional
Esta visa es para las personas que viajen con la finalidad de proporcionar capacitación práctica, empleo e intercambio de la historia, cultura y tradiciones del país de origen del solicitante. La **visa de no inmigrante Q** es para programas de intercambio cultural internacional que determine el Servicio de Ciudadanía e Inmigración de los Estados Unidos (USCIS).

BLOQUE 5

¿Cómo se forma el pasado simple de los verbos regulares? [1ª parte]

Un verbo es regular cuando su pasado y su participio se forman añadiendo "**-ed**" al infinitivo del verbo.

Para formar el pasado de un verbo regular, la regla general es añadir "**-ed**" al infinitivo del mismo.

work > work**ed**

Revisemos la conjugación de todas las personas en el pasado simple de un verbo regular.

[To clean: *limpiar*]

I **cleaned**	*yo limpié, limpiaba*
you **cleaned**	*tú limpiaste, limpiabas* *usted limpió, limpiaba*
he **cleaned**	*él limpió, limpiaba*
she **cleaned**	*ella limpió, limpiaba*
it **cleaned**	*limpió, limpiaba*
we **cleaned**	*nosotros/as limpiamos, limpiábamos*
you **cleaned**	*vosotros/as limpiasteis, limpiabais* *ustedes limpiaron, limpiaban*
they **cleaned**	*ellos/as limpiaron, limpiaban*

Habiendo visto la regla general, ahora observemos otros casos para formar el pasado de los verbos regulares.

● Si el infinitivo acaba en "**e**", solo se añade "**d**":
live > **lived**

● Cuando el infinitivo acaba en "**y**":

• Si la "**y**" tiene delante una vocal, se añade "**ed**":
play > **played**

• Si la "**y**" tiene delante una consonante, cambia a "**i**" y se añade "**ed**": **study** > **studied**

● Si el infinitivo acaba en la serie de letras "consonante-vocal-consonante" y la última sílaba es la acentuada, antes de añadir "**-ed**" se dobla la última consonante: **plan** > **planned**.

Acerca de la visa estadounidense...

(R) Trabajador religioso

La visa de **trabajador religioso (R)** es para solicitantes que pretendan entrar en los Estados Unidos para trabajar en alguna función religiosa de forma temporal. Los trabajadores religiosos incluyen a personas autorizadas, por alguna entidad empleadora reconocida, para dirigir cultos religiosos y realizar otras tareas que normalmente realizan los miembros autorizados del clero de esa religión, y trabajadores que se dediquen a una vocación u ocupación religiosa. El solicitante debe ser miembro de una confesión religiosa que tenga una organización religiosa sin fines de lucro de buena fe en los Estados Unidos.

BLOQUE 5

¿Cómo se forma el pasado simple de los verbos regulares? [2ª parte]

Observemos ahora cómo se construyen las frases negativas e interrogativas en el pasado simple de verbos regulares.

● Para formular frases negativas en pasado, usamos el auxiliar "**did not (didn't)**" delante del **verbo en infinitivo** para todas las personas.

Forma afirmativa	Forma negativa
She **danced** to the song.	She **didn't dance** to the song.
Ella bailó la canción.	*Ella no bailó la canción.*

My sister **didn't help** me.   *Mi hermana no me ayudó.*
It **didn't rain** last week.   *No llovió la semana pasada.*

● Para formular preguntas, se utiliza "**did**" delante del sujeto y del **verbo en infinitivo**.

Forma afirmativa	Forma interrogativa
They **explained** the situation.	**Did** they **explain** the situation?
Ellos explicaron la situación.	*¿Explicaron ellos la situación?*

Did your son **finish** his homework?   *¿Terminó tu hijo sus deberes?*
Why **did** Julia **move** to Portland?   *¿Por qué se mudó Julia a Portland?*

● "**Did**" y "**didn't**" se usan también en respuestas cortas:

Did you enjoy the meal?
¿Disfrutaste la comida?

Yes, I **did**.
Sí, la disfruté.

No, I **didn't**.
No, no la disfruté.

Una pausa en Minnesota

Minnesota tiene casi 145.000 km de costa; más que California, Florida y Hawái juntas.

El famoso sistema de vías aéreas de Minneapolis, en Minnesota, conecta alrededor de ochenta cuadras (casi cinco millas) del centro de la ciudad. Esto hace posible vivir, comer, trabajar y comprar sin salir de las pasarelas peatonales interconectadas. Se conoce como Skyway System.

BLOQUE 5

¿Para qué se usa "used to"?

"**Used to**" se usa para expresar hábitos y estados en el pasado. Siempre acompaña a un infinitivo. Es el equivalente de "solía, solías, etc.", aunque a veces no se traduzca en español. Tiene una forma invariable para todas las personas.

HÁBITO	I **used to** drink coffee.	Yo solía beber café.
ESTADO	They **used to** be happy.	Ellos eran (solían ser) felices.

My brother **used to play** tennis. Mi hermano solía jugar al tenis.
We **used to** study together. Nosotros solíamos estudiar juntos.

Observemos cómo se usa en frases negativas e interrogativas.

● Para expresar oraciones negativas, usamos "**didn't use to**".

We **didn't use to** exercise. Nosotros no solíamos hacer ejercicio.

● En preguntas, hacemos uso de "**did** + sujeto + **use to** + infinitivo".

Did he **use to** eat healthy? ¿Él solía comer sano?

¿Cómo se dicen las partes de la cara en inglés?

Es momento de aprender vocabulario sobre las partes de la cara.

The face
(La cara)

hair	cabello, pelo	**forehead**	frente
eyebrow	ceja	**eyelashes**	pestañas
eye	ojo	**nose**	nariz
ear	oreja	**cheek**	mejilla
mouth	boca	**lip**	labio
teeth	dientes	**tooth**	diente
chin	mentón, barbilla		

⭐ Una pausa en Misuri

Una vista de St. Louis, en Misuri, que significa "el pueblo de las grandes canoas", como lo llamaron los nativos que lo habitaron.

En la Feria Mundial de St. Louis, Misuri, en 1904, Richard Blechyden sirvió té con hielo e inventó el té helado.

Además, allí mismo se inventó el cono de helado. Un vendedor de helados se quedó sin vasos y le pidió ayuda a un vendedor de waffles. Enrollaron los waffles para sostener el helado y así surgió el invento.

BLOQUE 5

Las expresiones más usadas en inglés para...

■ The plumber *(El plomero)*

Toilet won't flush.	*El inodoro no se vacía.*
Shower won't drain.	*El agua de la ducha no circula.*
Sink won't drain.	*El agua de la pileta de lavar los platos no circula.*
Faucet won't work.	*La canilla no funciona.*
There's no hot water.	*No hay agua caliente.*
Can you fix/repair it?	*¿Puede repararlo?*
Do you have a plunger?	*¿Tiene un destapacaños?*
Turn off the water.	*Cierre la llave de agua.*
Toilet is clogged.	*El inodoro está obstruido.*

■ The handyman *(El especialista en reparaciones /mantenimiento)*

What's the problem?	*¿Cuál es el problema?*
Hold the base of the ladder.	*Sostén la base de la escalera.*
Is there a stepping stool in the garage?	*¿Hay una escalerita en el garaje?*
Cover the furniture.	*Cubre los muebles.*
I need to go to the hardware store for screws.	*Necesito ir a la ferretería a comprar tornillos.*
I need to get something out of my truck.	*Necesito traer algo del camión.*
What time will you be here?	*¿A qué hora va a llegar?*
Can you give me an estimate?	*¿Puede darme un presupuesto?*
I need to order parts.	*Necesito pedir piezas.*

The cashier (La cajera)

This is an express lane/ 15 items or less.	Esta es una caja rápida/hasta 15 artículos.
Double-bag the glass bottles.	Poner las botellas de vidrio en bolsas dobles.
Must bag own groceries.	Debe embolsar su compra.
Return cart/basket.	Devolver el carrito/la canasta.
Next in line.	¿Quién sigue?
Receipt required for returns.	Se necesita recibo para las devoluciones.
Sign/Endorse here.	Firme/endose aquí.
How would you like your change?	¿Cómo prefiere el cambio?
Cash only.	Solo efectivo.

The nanny (La niñera)

I'm their nanny.	Soy su niñera.
Who should I call if there is an emergency?	¿A quién debo llamar si hay una emergencia?
Do I have weekends off?	¿Tengo libres los fines de semana?
Is she potty trained?	¿Va al baño sola?
Time to wake up!	¡Hora de levantarse!
Let's get dressed.	Vamos a vestirnos.
Brush your teeth.	Lávate los dientes.
Time for a nap.	Hora de dormir la siesta.
Do you want a snack?	¿Quieres una colación?
Your parents will be back later.	Tus padres volverán más tarde.

BLOQUE 6. USAMOS LOS VERBOS CON PRECISIÓN

¿Cómo se expresa el pasado simple de los verbos irregulares?

Un verbo es irregular cuando su pasado, su participio, o ninguno de ellos se forma añadiendo "ed" al infinitivo del verbo.

Son muchos los verbos que son irregulares en inglés y cada uno con un tipo de irregularidad, por lo que la única regla para aprenderlos será practicarlos y memorizarlos (ver la lista de la página siguiente).

● Para la forma afirmativa, se usa el verbo en pasado y este es igual para todas las personas. [To go: *ir*   pasado: **went**]

We **went** to store yesterday.   *Fuimos a la tienda ayer.*
She **went** to Europe last year.   *Ella fue a Europa el año pasado.*
I **went** to work this morning.   *Me fui al trabajo esta mañana.*

● Para las frases negativas, se usa "**didn't**" y el **infinitivo del verbo**.

We **didn't go** to the park   *No fuimos al parque la semana*
last week.   *pasada.*

● Para hacer preguntas, se usa "**did**" delante del sujeto y del **verbo en infinitivo**.

Did he **go** to the bank?   *¿Fue él al banco?*

● En respuestas cortas, se usa de la siguiente manera:

Did you watch the news yesterday?   *¿Viste las noticias ayer?*
Yes, I did. / No, I didn't.   *Sí. / No.*

A continuación, se muestra una lista de verbos irregulares con sus formas de pasado simple.

Infinitivo	Pasado	
be	**was/were**	ser, estar
bring	**brought**	traer
buy	**bought**	comprar
come	**came**	venir
do	**did**	hacer
drink	**drank**	beber
drive	**drove**	manejar, conducir
eat	**ate**	comer
feel	**felt**	sentir
find	**found**	encontrar
forget	**forgot**	olvidar
get	**got**	obtener, llegar
give	**gave**	dar
go	**went**	ir
have	**had**	tener, haber
lose	**lost**	perder
make	**made**	hacer, fabricar
pay	**paid**	pagar
put	**put**	poner
read	**read**	leer
say	**said**	decir
see	**saw**	ver
sing	**sang**	cantar
speak	**spoke**	hablar
take	**took**	tomar, llevar
tell	**told**	decir, contar
understand	**understood**	comprender
write	**wrote**	escribir

BLOQUE 6

¿Cómo se usan los adjetivos terminados en "-ed" y en "-ing"?

En inglés, existe una serie de adjetivos que tienen la misma base, pero una terminación y significado distintos. Estos adjetivos provienen de un verbo; unos acaban en "**-ed**" y otros, en "**-ing**".

● Se usan los terminados en "**-ed**" cuando describen cómo se siente alguien.

bored	aburrido
worried	preocupado
interested	interesado
tired	cansador
surprised	sorprendido

I'm **interested** in learning.	Estoy interesado en aprender.
The baby is **tired**.	El bebé está cansado.
Are you **bored**?	¿Estás aburrido?

● Se usan los terminados en "**-ing**" cuando se describen cualidades de las cosas, personas, situaciones, etc.

boring	aburrido
worrying	preocupante
interesting	interesante
tiring	cansado
surprising	sorprendente

This article is very **interesting**.	Este artículo es muy interesante.
That situation is **worrying**.	Esa situación es preocupante.
It was a **tiring** day.	Fue un día cansador.

Por lo tanto, se puede decir:

We are **bored** because this class is **boring**.	*Estamos aburridos porque esta clase es aburrida.*
He is **worried** because this problem is **worrying**.	*Él está preocupado porque este problema es preocupante.*

Otros adjetivos son:

annoyed	*enfadado*	**annoying**	*molesto*
embarrassed	*avergonzado*	**embarrassing**	*embarazoso*
frightened	*aterrado*	**frightening**	*aterrador*
excited	*emocionado*	**exciting**	*emocionante*
exhausted	*agotado*	**exhausting**	*agotador*

¿Cómo se usan los adverbios de lugar?

Estos adverbios nos indican dónde tiene lugar la acción. Ya se han estudiado algunos y ahora veremos otros más.

over here	por aquí	over there	por allí
up, upstairs	arriba	down	abajo
near, nearby	cerca	downstairs	abajo (en la planta de abajo)
far (away)	lejos	out, outside	fuera, afuera
in front	delante	in, inside	dentro, adentro
around	alrededor	behind	detrás, atrás

The charger is **over there**.
El cargador está por allí.

The accident happened **downstairs**.
El accidente sucedió abajo.

My house isn't **near here**. It's very **far**.
Mi casa no está cerca de aquí. Está muy lejos.

The children play **outside**, but they have lunch **inside** the house.
Los niños juegan afuera, pero almuerzan dentro de la casa.

¿Para qué se usa el imperativo?

El imperativo es un modo verbal que se usa para dar órdenes o instrucciones. Se forma solo con el infinitivo del verbo, y un complemento cuando es necesario.

Open the door!	*¡Abre la puerta!*
Shut up!	*¡Cállate!*
Sit down, please!	*¡Siéntate, por favor!*

Para dar una orden o instrucción negativa, hay que colocar "**don't**" delante del infinitivo.

Don't be late!	*¡No llegues tarde!*
Don't do that!	*¡No hagas eso!*
Don't disturb!	*¡No molesten!*

Acerca de la visa estadounidense...

(Visas TD/TN) Profesional del TLCAN

El Tratado de Libre Comercio de América del Norte (TLCAN) crea relaciones económicas y comerciales especiales para los Estados Unidos, Canadá y México. La visa de no inmigrante profesional del TLCAN (TN) permite a ciudadanos de Canadá y México, como profesionales del TLCAN, trabajar en los Estados Unidos en una actividad comercial preestablecida para una empresa estadounidense o extranjera. Las personas que sean residentes permanentes –pero no ciudadanos– de Canadá y México no pueden optar por trabajar como profesionales del TLCAN. A los dependientes de un titular de visa TN se les emitirá una visa TD.

Los profesionales de Canadá o México pueden trabajar en los Estados Unidos en las siguientes condiciones:

- El solicitante debe ser ciudadano de Canadá o México.
- La profesión debe figurar en la lista del TLCAN.
- El cargo en los Estados Unidos debe requerir un profesional del TLCAN.
- El solicitante canadiense o mexicano debe ir a trabajar en un puesto preestablecido a tiempo completo o tiempo parcial.
- El solicitante canadiense o mexicano debe poseer las calificaciones necesarias para la profesión.

BLOQUE 6

¿Cómo se usa el verbo "could"?

"**Could**" es un verbo modal, pasado simple del verbo "**can**", y se usa para expresar una habilidad en el pasado. Además, para referirnos a una posibilidad, así como para formular sugerencias o peticiones. También se utiliza como el tiempo condicional de dicho verbo (*podría, podrías, etc.*).

● Habilidad en el pasado.

He **could** talk when he was 2 years old.

Él sabía hablar cuando tenía 2 años.

● Posibilidad.

He **could** get a better job.

Él podría conseguir un trabajo mejor.

● Sugerencia.

You **could** try a different flavor.

Podrías probar un sabor diferente.

● Petición.

Could you repeat that, please?

¿Podría usted repetir eso, por favor?

● Tiempo condicional.

We **could** buy that car if we had the money.

Podríamos comprar ese coche si tuviéramos el dinero.

Inglés Básico Súper Rápido

¿Para qué se usa "let's" + infinitivo?

"Let's" + **infinitivo** es la estructura usada cuando el hablante se incluye al dar una orden o sugerencia.

Let's start eating.	*Comencemos a comer.*
Let's dance!	*¡Bailemos!*
Let's play tennis.	*Juguemos al tenis.*

★ Una pausa en Montana

El Parque Nacional Glacier se encuentra en Montana y alberga 250 lagos dentro de sus límites.

Going to the Sun Road es una pintoresca carretera en el Parque Nacional Glacier de Montana, y se considera uno de los recorridos con mayor cantidad de vistas panorámicas de Estados Unidos.

En Montana, las poblaciones de alces, ciervos y antílopes superan en número a los humanos. Además, posee la mayor población de osos grizzly.

BLOQUE 6

¿Cómo expresamos obligación con los verbos "must" y "have to"?

"**Must**" (deber) y "**have to**" (tener que) expresan obligación. A veces se pueden usar indistintamente, aunque existen ciertas diferencias. Siempre preceden a un infinitivo.

- "**Must**" se usa cuando el hablante tiene "autoridad" sobre el oyente y solo se utiliza en presente. Como es un verbo modal, tiene una forma para todas las personas.

  You **must** take your medication.   *Debe tomar su medicina.* (El doctor indica a su paciente)

- "**Have to**" se utiliza para comunicar una obligación, sin imponerla, y puede aparecer en cualquier tiempo.

  They **have to** do their homework.   *Ellos tienen que hacer sus deberes.*

- En preguntas, "**must**" invierte el orden con el sujeto (aunque estas preguntas no son muy comunes por ser muy formales). "**Have to**" necesita del auxiliar "do / does / did".

  Must you leave now?   *¿Debes irte ahora?*
  Do you **have to** leave now?   *¿Tienes que irte ahora?*

- En frases negativas, estos verbos son muy diferentes:

  • "**Mustn't**" implica prohibición.

  You **mustn't** park here.   *No puede estacionarse aquí.*

  • "**Don't / doesn't have to**" indica que algo no es necesario.

  Our kids **don't have to** go to school on Saturdays.   *Nuestros hijos no tienen que ir a la escuela los sábados.*

Una pausa en Nevada

Las Vegas, la ciudad más famosa por sus casinos y lugares de entretenimiento, se sitúa en el desierto de Mojave, en Nevada.

En marzo de 1931, el gobernador Fred Balzar convirtió en ley el proyecto que legalizaba los juegos de azar en Nevada. El Pair-O-Dice Club, ese año, fue el primer casino en abrir en la autopista 91, el futuro Strip de Las Vegas.

Las cien palabras más usadas en inglés (501 a 600)

Approval	Aprobación	Ever	Alguna vez
Argument	Discusión	Example	Ejemplo
Assistant	Asistente	Explain	Explicar
Awful	Feo	Fat	Grasa, gordo/a
Baby sitter	Niñera	Father	Padre
Bake	Hornear	Favorite	Favorito
Balcony	Balcón	Feed	Alimentar
Ball	Pelota	Furniture	Muebles
Bathroom	Cuarto de baño	Gardener	Jardinero
Battery	Batería	Girl	Muchacha, niña
Beautiful	Hermoso	Girlfriend	Novia
Bed	Cama	Grandfather	Abuelo
Bedroom	Dormitorio	Grass	Césped
Behavior	Comportamiento	Hairdresser	Peluquero
Brother	Hermano	Hard-working	Trabajador
Brown	Marrón	Hate	Odiar
Calm	Calmar	Him	Lo, le, a él
Car dealer	Vendedor de autos	Housekeeper	Ama de llaves
		Hurt	Doler
Carpet	Alfombra	Husband	Esposo
Casual	Informal	Interview	Entrevista
Child	Niño	Labor	Laboral
Children	Hijos, niños	Land	Tierra
Copy	Copiar	Law	Ley
Cousin	Primo	Mechanic	Mecánico
Danger	Peligro	Mine	Mío/a
Dark	Oscuro	Miss	Señorita
Daughter	Hija	Mother	Madre
Development	Desarrollo	Nanny	Niñera
Door	Puerta	Nurse	Enfermera
Engineer	Ingeniero	Offer	Oferta
Enjoy	Disfrutar	Office	Oficina

Pain	Dolor	**Watch**	Mirar
Parents	Padres	**Wheel**	Rueda
Rain	Lluvia	**Wife**	Esposa
Rest	Descansar	**Wind**	Viento
Resume	Currículum vitae	**Wood**	Madera
Roof	Tejado		
Room	Habitación		
Screw	Atornillar		
Screw driver	Destornillador		
Screw up	Arruinar		
Seat	Asiento		
Serve	Servir		
Shelf	Estante		
Sister	Hermana		
Six	Seis		
Skill	Habilidad		
Social Security	Seguro social		
Son	Hijo		
Stool	Banqueta		
Stove	Cocina		
Sweep	Barrer		
Table	Mesa		
Technician	Técnico		
Tire	Goma		
Uncle	Tío		
Union	Sindicato		
Vacuum	Aspiradora		
Veterinarian	Veterinario		
Waiter	Mesero		
Waitress	Mesera		
Wash	Lavar		
Waste	Malgastar		

BLOQUE 6

¿Cómo hablamos del tiempo meteorológico?

A continuación, aprenderemos vocabulario muy útil para referirnos al tiempo.

The weather (El tiempo/ El clima)			
sun	sol	**sunny**	soleado
rain	lluvia	**rainy**	lluvioso
cloud	nube	**cloudy**	nublado
wind	viento	**windy**	ventoso
fog	niebla	**foggy**	con niebla
snow	nieve		

Entre los adjetivos para describir el clima, encontramos:

hot	caluroso
warm	cálido
cool	fresco
cold	frío
wet	húmedo
dry	seco

Las estaciones del año son:

spring	primavera
summer	verano
fall	otoño
winter	invierno

¿Cómo se puede preguntar y responder acerca del tiempo?

Para preguntar por el tiempo, se suelen usar las siguientes expresiones:

What's the weather like?   *¿Cómo está el tiempo? / ¿Qué tiempo hace?*

How's the weather?   *¿Cómo está el tiempo?*

Para responder, se ha de tener en cuenta que el sujeto siempre es "**it**", al que le sigue el verbo "**to be**".

Con esta estructura, podemos usar un adjetivo:

It's sunny.   *Hace sol (está soleado).*
It's rainy.   *Está lluvioso.*
It's cloudy.   *Está nublado.*

Pero también podemos responder con un verbo:

It is raining.   *Está lloviendo.*
It is snowing.   *Está nevando.*

What's the weather like today?   *¿Qué tiempo hace hoy?*
It's snowing and very **cold**.   *Está nevando y hace mucho frío.*

In spring it's **warm** and **rainy**.   *En primavera hace un tiempo cálido y lluvioso.*

¿Cuáles son los pronombres indefinidos? [1ª parte]

Los pronombres indefinidos son los que utilizamos cuando nos referimos a personas, cosas y lugares, pero sin precisar o identificar cuáles son.

Se forman combinándolos así:

some		body
any	con	one
every		thing
no		where

Los compuestos con "**body**" y "**one**" son sinónimos y se refieren a personas; con "**thing**", a cosas, y con "**where**", a lugares.

● Los compuestos de "**some**" se utilizan en frases afirmativas.

somebody, someone	alguien
something	algo
somewhere	en algún lugar

Someone called me this morning.   *Alguien me llamó esta mañana.*
I need to eat **something**.   *Necesito comer algo.*
My keys have to be **somewhere**.   *Mis llaves deben estar en algún lugar.*

● "**Any**", como sus compuestos, se usa en frases negativas y en preguntas.

	En frases negativas	En preguntas
anybody, anyone	nadie	alguien
anything	nada	algo
anywhere	en ningún lugar	en algún lugar

Can **anybody** help me?   ¿Alguien puede ayudarme?
We don't want **anything**.   No queremos nada.
We're not going **anywhere**.   No iremos a ningún lado.

⭐ Una pausa en New Hampshire

El río Piscataqua, con su curso sinuoso hacia el norte, llega a la zona rural de New Hampshire.

Levi Hutchins, de Concord, New Hampshire, inventó el primer despertador en 1787.

En 1833, se estableció en Peterborough, New Hampshire, la primera biblioteca pública gratuita de los Estados Unidos.

BLOQUE 6

¿Cuáles son los pronombres indefinidos? [2ª parte]

En estas páginas, continuaremos conociendo los pronombres indefinidos. Comenzaremos por los compuestos de "**every**".

● "**Every**" y sus compuestos implican un sentido de totalidad y se utilizan en frases afirmativas, negativas y en preguntas.

everybody, everyone	*todos, todo el mundo*
everything	*todo, todas las cosas*
everywhere	*en todos los lugares, por todos lados*

Does **everybody** want to go to the movies?
¿Todos quieren ir al cine?

We couldn't finish **everything**.
No pudimos terminar todo.

Your toys are **everywhere**!
¡Tus juguetes están por todos lados!

● "**No**" y sus compuestos son sinónimos de "any" y los suyos, cuando estos se usan en frases negativas. La diferencia entre ellos es que los compuestos de "no" aparecen en frases afirmativas, aunque el resultado del mensaje será una negación.

nobody, no-one	*nadie*
nothing	*nada*
nowhere	*(en) ningún lugar*

There's **nothing** here = There isn't anything here.

No hay nada aquí.

Nobody is interested.

Nadie está interesado.

We went **nowhere** yesterday.

No fuimos a ningún lugar ayer.

Si el pronombre indefinido es el sujeto del verbo, este se usa en 3ª persona del singular (como *he*, *she* o *it*).

Nobody **is** here.

Nadie está aquí.

Everybody **likes** chocolate.

A todo el mundo le gusta el chocolate.

There **isn't** anyone at home.

No hay nadie en casa.

BLOQUE 6

¿Cómo se dicen los números ordinales en inglés?

Ahora conoceremos los números ordinales, que, como su nombre sugiere, nos sirven para expresar el orden en que se encuentran las cosas, las personas, etc.

Los tres primeros números ordinales son los siguientes:

1º primer(o)	>	1st	>	fir**st**
2º segundo	>	2nd	>	seco**nd**
3º tercer(o)	>	3rd	>	thi**rd**

En la abreviatura de los números ordinales, aparece la cifra y las dos últimas letras del ordinal.

A partir del número cuatro, el ordinal se forma añadiéndole "**th**" al número cardinal: **número + th**.

4º cuarto	>	4th	>	four**th**
6º sexto	>	6th	>	six**th**
10º décimo	>	10th	>	ten**th**

Pero existen ligeros cambios en la escritura de algunos números:

five	>	fifth
eight	>	eighth
nine	>	ninth
twelve	>	twelfth
twenty	>	twentieth

Las decenas seguirán el modelo "-ieth" (la "y" se reemplaza por "ie", entonces se añade "th"):

30**th**	>	thirt**ieth**

En números compuestos por decena y unidad, solo cambia a ordinal la unidad:

21**st**	>	twenty-fir**st**
85**th**	>	eighty-fif**th**

El Monumento Nacional Scotts Bluff, formado por la erosión del viento y el agua, fue un lugar de paso de caravanas que se dirigían a las Montañas Rocosas.

Nebraska fue llamado "El Gran Desierto Americano". El origen del nombre de este estado proviene de una palabra de la tribu oto que significa "agua plana".

Los números ordinales se usan para:

● Expresar el orden en que sucede algo o la ubicación de las cosas.

This is our **third** meeting.   *Esta es nuestra tercera reunión.*
We work on the **fifth** floor.   *Nosotros trabajamos en el quinto piso.*

● Expresar las fechas.

The concert is on February, **10th.**   *El concierto es el 10 de febrero.*

BLOQUE 6

¿Qué tiempo es el pasado continuo?

Es el tiempo que se utiliza cuando queremos expresar acciones que ocurrieron en el pasado y tuvieron cierta duración, o bien expresar aquello que estaba ocurriendo en un momento determinado del pasado.

Se compone de:

el pasado simple del verbo "to be" (**was/were**)
+ el **gerundio** del verbo principal.

● Forma afirmativa.

In 2000, he **was working** in San Francisco.

En 2000, él estaba trabajando en San Francisco.

We **were having** dinner.

Estábamos cenando.

The board members **were making** important decisions last night.	*Los miembros del consejo estuvieron tomando decisiones importantes anoche.*

● Forma negativa.

I **wasn't asking** a question.	*Yo no estaba haciendo una pregunta.*
My sisters **weren't baking** a cake.	*Mis hermanas no estaban horneando un pastel.*

● Forma interrogativa.

Were you **working** last week? Yes, I was. / No, I wasn't.	*¿Estuviste trabajando la semana pasada? Sí. / No.*
What **were** your parents **doing** yesterday morning?	*¿Qué estuvieron haciendo tus padres ayer por la mañana?*
Who **was** she **talking** to?	*¿Con quién estaba hablando ella?*

Una pausa en New Jersey

North Jersey, en New Jersey, tiene la mayor cantidad de centros comerciales del mundo en una misma área: siete centros comerciales importantes en un radio de 40 km cuadrados.

Vista del histórico parque de diversiones Muelle de Acero, en Atlantic City, abierto desde 1898.

BLOQUE 6

Las expresiones más usadas en inglés para...

■ A farm *(Un establecimiento agrícola)*

Till/Sow the soil.	*Labrar/sembrar la tierra.*
Plant the seeds.	*Sembrar.*
Pick the fruit/vegetables.	*Cosechar las frutas.*
Load it in the truck.	*Cargarlo en el camión.*
Gather the chicken eggs.	*Recoger los huevos de gallina.*
Milk the cows.	*Ordeñar las vacas.*
Round up the cattle.	*Arrear el ganado.*
Operate heavy machinery.	*Operar maquinaria pesada.*
Insects are killing our plants.	*Los insectos están matando nuestras plantas.*

■ The Day Care *(La guardería infantil)*

What are your requirements?	*¿Cuáles son sus requisitos?*
What will my child learn?	*¿Qué aprenderá mi hijo?*
What are the learning activities?	*¿Cuáles son las actividades de aprendizaje?*
What kind of activities can my child participate in?	*¿En qué tipo de actividades puede participar mi hijo?*
Where do kids nap?	*¿Adónde duermen la siesta los niños?*
Is there an outdoor play area?	*¿Hay un espacio exterior para juegos?*
How many children are there for each caregiver?	*¿Cuántos niños hay por cada cuidadora?*
How many children are in the group?	*¿Cuántos niños hay en el grupo?*
Who should we call in case of an emergency?	*¿A quién debemos llamar en caso de emergencia?*

■ Taking care of older people *(El cuidado de las personas mayores)*

Have you considered assisted living?	*¿Ha considerado ir a una residencia asistida?*
Have you taken your medicine today?	*¿Ha tomado su medicamento hoy?*
What's your blood pressure?	*¿Cuál es su presión sanguínea?*
You need to take your shot of insulin.	*Necesita su inyección de insulina.*
I need help getting up.	*Necesito ayuda para levantarme.*
My vitamins are almost out.	*Se están acabando mis vitaminas.*
Which pharmacy do you go to?	*¿A qué farmacia va?*
I need to refill my prescription.	*Necesito pedir de nuevo mis medicamentos recetados.*
She has dementia.	*Ella tiene demencia.*

■ The cleaner *(El personal de limpieza)*

We need maid service once a week.	*Necesitamos el servicio de mucamas una vez por semana.*
What is your hourly rate?	*¿Cuánto cobra por hora?*
How long will you stay?	*¿Cuánto tiempo se va a quedar?*
What is your cancellation policy?	*¿Cómo se manejan las cancelaciones?*
How much do you pay?	*¿Cuánto paga?*
Sweep the floors.	*Barrer el piso.*
Scrub the toilets.	*Limpiar profundamente los baños.*
Strip the beds.	*Deshacer las camas.*
Clear the table.	*Levantar la mesa.*
Do the dishes.	*Lavar los platos.*

BLOQUE 7. CONSTRUIMOS FRASES ELABORADAS

¿Cómo se expresa el pasado simple de los verbos irregulares?

"**When**" (*cuando*) y "**while**" (*mientras*) son conjunciones, por lo que se utilizan para unir frases. Al usarse con acciones pasadas, "**when**" suele preceder a un pasado simple y "**while**" a un pasado continuo.

● Cuando "**when**" une dos frases en pasado simple, se expresan dos acciones consecutivas.

When he <u>finished</u> his homework, he <u>played</u> videogames.	*Cuando él terminó su tarea, jugó videojuegos.*

● Cuando "**while**" une dos frases en pasado continuo, se expresan dos acciones simultáneas.

He <u>was washing</u> his car **while** his wife <u>was watering</u> the plants.	*Él estaba lavando su coche mientras su esposa estaba regando las plantas.*

● Cuando una acción estaba teniendo lugar (en pasado continuo) y se expresa que otra la "interrumpió", esta aparece en pasado simple.

We <u>were taking</u> a nap **when** you <u>got</u> home.	*Estábamos tomando una siesta cuando llegaste a casa.*
My brother <u>called</u> **while** I <u>was taking</u> a shower.	*Mi hermano llamó mientras yo estaba tomando una ducha.*

¿Cómo se dicen las partes del cuerpo?

Es momento de aprender cómo se denominan las partes del cuerpo en inglés.

The human body *(El cuerpo humano)*			
head	cabeza	**neck**	cuello
shoulder	hombro	**back**	espalda
chest	pecho	**arm**	brazo
elbow	codo	**wrist**	muñeca
hand	mano	**finger**	dedo (de la mano)
nail	uña	**waist**	cintura
leg	pierna	**knee**	rodilla
calf	pantorrilla	**ankle**	tobillo
foot	pie	**toe**	dedo (del pie)

¿Cómo se usan "before" y "after"?

● **"Before"** equivale a "antes, antes de, antes de que".

I did that **before**.	*Yo hice eso antes.*
We have to go shopping **before** the trip.	*Tenemos que ir de compras antes del viaje.*

● **"After"** equivale a "después de".

We always have dinner **after** seven.	*Siempre cenamos después de las siete.*

● Si se usa un verbo después de "**before**" o "**after**", este ha de tener forma de gerundio.

She was getting ready **before** <u>going out</u>.	*Ella estaba alistándose antes de salir.*
He watched TV **after** <u>cleaning</u> the apartment.	*Él miró la televisión después de limpiar el apartamento.*

 Acerca de la visa estadounidense...

(Visas T) VÍCTIMA DE TRATA DE PERSONAS
Los titulares de **visas T** han sido víctimas de alguna forma severa de trata de personas. La trata de personas, también conocida como tráfico de personas, es una forma de esclavitud de los tiempos modernos en la que los traficantes atraen a personas con falsas promesas de empleo y de una vida mejor. Los traficantes suelen aprovecharse de personas pobres sin empleo que carecen de acceso a servicios sociales. La categoría **No Inmigrante T (visa T)** protege a víctimas de la trata de personas y les permite permanecer en los Estados Unidos para que colaboren en la investigación o enjuiciamiento de este delito. A las víctimas del tráfico se les concede la categoría T solo en los Estados Unidos. La función de las embajadas y los consulados de los Estados Unidos es solamente la de procesar las solicitudes de familiares de personas a las que ya se hubiera concedido la categoría T en los Estados Unidos.

¿Cómo se usan los verbos modales para expresar prohibición?

A continuación, veremos dos verbos modales usados para expresar prohibición. En ambos casos nos referimos a "no poder hacer algo" (por no estar permitido), aunque existe una ligera diferencia entre ellos:

● "**Mustn't**" o "**must not**" indica no poder hacer algo porque puede tener malas consecuencias.

You **mustn't** eat in class.   *No pueden comer en clase.*
You **mustn't** litter here.   *No puedes tirar basura aquí.*

● "**Can't**" indica no poder hacer algo por una imposibilidad.

You **can't** smoke in this area.   *Ustedes no pueden fumar en esta zona.*
You **can't** speak loud in a hospital.   *No pueden hablar alto en un hospital.*

¿Cómo se forman las expresiones de movimiento?

Estas expresiones se forman con un verbo que indica movimiento, seguido de alguna de las siguientes preposiciones.

across	*a través de (a lo ancho)*
along	*a lo largo (de), por*
back (from)	*de vuelta (de)*
down	*abajo, hacia abajo*
up	*arriba, hacia arriba*
up to	*hasta*
into	*adentro*
out of	*fuera de, afuera*
from	*de, desde*
past	*(pasar) por delante de*
to	*a, hacia*
around	*alrededor de*
through	*a través de (a lo largo)*

We always **go back** home early.　　*Nosotros siempre volvemos a casa temprano.*

They **went out of** the store.　　*Ellos salieron de la tienda.*

The kids **came from** school.　　*Los niños vinieron de la escuela.*

I want to **come to** Mexico again.　　*Quiero venir a México otra vez.*

We **drove to** the beach.　　*Fuimos en auto a la playa.*

I **drive past** the bakery every day.　　*Paso (en auto) por la pastelería todos los días.*

They **ran out of** the hotel because they were late for the concert.　　*Ellos salieron corriendo del hotel porque llegaban tarde al concierto.*

I **traveled from** Spain **to** France by train.　　*Viajé de España a Francia en tren.*

Una pausa en Ohio

Columbus es la capital del estado de Ohio y fue denominada así en honor al almirante Cristóbal Colón.

John Lambert, de la ciudad de Ohio, fabricó el primer automóvil de Estados Unidos en 1891. Además, la primera estación de servicio de automóviles a tiempo completo se abrió en esa ciudad en 1899.

¿Para qué se usan las preguntas con preposición al final?

En español, muchas preguntas comienzan con una preposición que se coloca delante del pronombre interrogativo. Sus equivalentes en inglés son preguntas que comienzan con un pronombre interrogativo (**what**, **where**, **who**, etc.) y la preposición se coloca al final de la frase.

<u>Where</u> are you **from**?	*¿De dónde eres?*
<u>Who</u> do you live **with**?	*¿Con quién vives?*
<u>What</u> do you want it **for**?	*¿Para qué lo quieres?*
<u>What</u> are you talking **about**?	*¿De qué estás hablando?*

De manera corta, también se pueden realizar preguntas.

<u>Where</u> **from**?	*¿De dónde?*
<u>Who</u> **with**?	*¿Con quién?*
<u>What</u> **for**?	*¿Para qué?*
<u>Who</u> **for**?	*¿Para quién?*

Esas mismas preposiciones se repetirán en la respuesta.

Where are you **from**?	*¿De dónde eres?*
I'm **from** Costa Rica.	*Soy de Costa Rica.*

Who do you live **with**?	*¿Con quién vives?*
I live **with** my husband and my kids.	*Vivo con mi esposo y mis hijos.*

Who are these flowers **for**?	*¿Para quién son estas flores?*
They're **for** my mother.	*Son para mi madre.*

¿Cómo se dicen los colores?

Aprendamos los colores en inglés.

The colors			
(Los colores)			
red	rojo	**blue**	azul
yellow	amarillo	**green**	verde
orange	anaranjado	**brown**	marrón
black	negro	**white**	blanco
gray	gris	**pink**	rosa
purple	morado	**fuchsia**	fucsia
sky blue	azul celeste	**navy blue**	azul marino

¿Cómo se expresa contraste con "but", "however" y "although"?

Para mostrar contraste al comunicarnos en inglés, usaremos las siguientes conjunciones: "**but**" (*pero, sino*), "**however**" (*sin embargo*) y "**although**" (*aunque*).

● "**But**" y "**however**" contrastan con la idea y/o la oración precedente.

I don't speak Spanish, **but** Portuguese.	*No hablo español, sino portugués.*
I don't speak Spanish, **but** I speak Portuguese.	*No hablo español, pero hablo portugués.*
I don't speak Spanish. **However**, I speak Portuguese.	*No hablo español. Sin embargo, hablo portugués.*

Inglés Básico Súper Rápido

● "**Although**" introduce una frase que contrasta con una anterior o posterior a ella.

Although he didn't win, he enjoyed running the race.

Aunque él no ganó, disfrutó al correr la carrera.

We ate something, **although** we weren't hungry.

Comimos algo, aunque no teníamos hambre.

También se pueden usar "**even though**" y "**though**" como sinónimos de "**although**".

● "**Though**" también se puede usar al final de la frase, equivaliendo a "no obstante, a pesar de ello".

She's not very friendly. I like her, **though**.

Ella no es muy amigable. A pesar de ello, me agrada.

Una pausa en Nueva York

Entre los años 1785 y 1790, Nueva York, la moderna ciudad de los rascacielos, fue la capital de los Estados Unidos. Los representantes del Congreso se reunían en el Federal Hall, donde George Washington prestó juramento como presidente del país en 1789.

La Estatua de la Libertad, regalo del pueblo francés al estadounidense en 1886 para conmemorar su independencia.

BLOQUE 7

Las cien palabras más usadas en inglés (601 a 700)

Account	Cuenta	**Front**	Frente
Add	Agregar	**Fun**	Diversión
Advice	Consejo	**Get up**	Levantarse de la cama
Apologize	Disculparse		
Attention	Atención	**Give back**	Devolver
Balance	Saldo	**Glass**	Vidrio
Bankrupt	Bancarrota	**Glasses**	Anteojos
Basement	Sótano	**Go through**	Revisar
Black	Negro	**Gray**	Gris
Blind	Ciego	**Green**	Verde
Blond	Rubio	**Her**	Su (de ella)
Blow	Soplar	**Imagine**	Imaginar
Borrow	Pedir prestado	**Improve**	Mejorar
Boyfriend	Novio	**Increase**	Aumentar
Buddy	Amigo	**Installment**	Cuota
Certificate	Certificado	**Interest rate**	Tasa de interés
Chest	Pecho	**Interesting**	Interesante
Chicken	Pollo	**Invite**	Invitar
Could	Podría	**Kick**	Patear
Damage	Daño	**Kid**	Niño, chico
Dangerous	Peligroso	**Language**	Idioma
Deposit	Depósito	**Line**	Fila
Dictionary	Diccionario	**Mess**	Desorden
Dime	Diez centavos de dólar	**Money order**	Giro postal
		Month	Mes
Disappointed	Desilusionado	**Mouth**	Boca
Down payment	Anticipo, cuota inicial	**News**	Noticias
		Nickel	Cinco centavos de dólar
During	Durante		
Error	Error	**Noise**	Ruido
Every day	Todos los días	**Official**	Oficial
Everything	Todo	**Package**	Paquete
Excellent	Excelente	**Penny**	Un centavo de dólar
Floor	Piso		

Pick up	Recoger	**Travel**	Viajar
Prescription	Receta médica	**Trip**	Viaje
Problem	Problema	**Winter**	Invierno
Quarter	Veinticinco	**Wire**	Alambre
	centavos de dólar	**Withdraw**	Retirar dinero
Rare	Cocción jugosa	**Yellow**	Amarillo
Remind	Hacer acordar		
Reschedule	Reprogramar		
Scissors	Tijeras		
Season	Temporada		
Separate	Separar		
Seven	Siete		
Shake hands	Dar la mano		
Ship	Barco		
Shipment	Envío		
Smart	Inteligente		
Snow	Nieve		
Space	Espacio		
Spring	Primavera		
Stomach	Estómago		
Student	Estudiante		
Study	Estudiar		
Stuff	Cosas		
Summer	Verano		
Sun	Sol		
Tax	Impuesto		
Their	Su (de ellos/as)		
Them	Les, las, los, a ellos/as		
These	Estas/estos		
Those	Esas/os, aquellas/os		
Transaction	Transacción		
Transfer	Transferir		

¿Cómo preguntamos por lugares o direcciones en inglés?

Para preguntar dónde se encuentra un lugar, podemos usar una de las siguientes estructuras:

Where's the park?   *¿Dónde está el parque?*
Is there an ATM **near** here?   *¿Hay un cajero automático cerca de aquí?*

Y si queremos preguntar cómo llegar a un lugar, la forma habitual de hacerlo es:

How can I get to...?   *¿Cómo puedo llegar a...? / ¿Cómo se va a...?*

How can I get to the mall?   *¿Cómo puedo llegar al centro comercial?*

¿Cómo se dan indicaciones de lugares?

Para indicar cómo llegar a un lugar, usaremos las siguientes expresiones:

go along the street	*seguir la calle*
go straight ahead / on	*seguir adelante / recto*
go across the street	*cruzar la calle*
go / walk (up) to...	*ir hasta...*
turn right / left	*girar a la derecha / izquierda*
take the second right / left	*tomar la segunda calle a la derecha / izquierda*

Go straight ahead, **take** the first right, **go** across the street and there is the bank.
Siga adelante, tome la primera a la derecha, cruce la calle y allí está el banco.

 Acerca de la visa estadounidense...

(Visas U) VÍCTIMA DE ACTIVIDAD DELICTIVA

La categoría de **visa U** está disponible para víctimas extranjeras de determinadas actividades delictivas que colaboren en la investigación o enjuiciamiento de las actividades en cuestión. Las personas deben solicitarla ante USCIS directamente, y la categoría de **no inmigrante U** es otorgada por USCIS a través de una solicitud aprobada. Tanto el solicitante principal de la visa U como el solicitante derivado a quienes se les hubiera concedido la categoría U pueden solicitar visas U en secciones consulares del exterior. La finalidad de la visa U es proporcionar a las víctimas de determinados delitos una categoría legal temporal y la posibilidad de trabajar en los Estados Unidos durante un período de hasta 4 años.

BLOQUE 7

¿Cómo se forma el comparativo de igualdad?

El comparativo de igualdad es una estructura que usa adjetivos para expresar que dos cosas o dos personas comparten una cualidad con el mismo grado de intensidad. Veamos cómo se forma.

as + adjetivo + as
tan + adjetivo + como

I am **as fast as** you.   *Soy tan rápido como tú.*
He is **as friendly as** his sister.   *Él es tan simpático como su hermana.*

Para negar (por lo tanto, expresar la ausencia de igualdad), solo necesitamos usar la forma negativa del verbo "**to be**".

I am not **as fast as** you.   *No soy tan rápido como tú.*
He isn't **as friendly as** his sister.   *Él es no es tan simpático como su hermana.*

Sin embargo, también podemos observar estos casos:

● En oraciones negativas, el primer "as" puede sustituirse por "so".

My apartment isn't **as big as** hers = My apartment isn't **so big as** as hers.
Mi apartamento no es tan grande como el de ella.

● Si el segundo elemento de la comparación se sobrentiende, no hace falta usarlo.

Fabiola is very efficient. Pablo isn't   *Fabiola es muy eficiente. Pablo no es*
so efficient (as Fabiola).   *tan eficiente (como Fabiola).*

¿Cómo se usa el verbo "to arrive"?

Con el verbo "**to arrive**" (*llegar*) se usan las preposiciones "**in**" o "**at**". La preposición apropiada dependerá del lugar del cual se esté hablando. Así:

arrive in   *llegar a (una ciudad, un país)*
arrive at   *llegar a (un lugar pequeño, un edificio, un aeropuerto, etc.)*

I **arrived in** San Diego at 8 p.m.   *Llegué a San Diego a las 8 p.m.*
They **arrived at** the school.   *Ellos llegaron a la escuela.*

Después del verbo "arrive", nunca se usará la preposición "to".

 ## Una pausa en Nuevo México

Conocida como la catedral de San Francisco de Asís, fue construida entre 1869 y 1886 donde se encontraba una iglesia de 1714 y otra más antigua, de 1626.

Santa Fe, en Nuevo México, que se encuentra a más de 2100 metros sobre el nivel del mar, es la capital de un estado más alta de los Estados Unidos.

¿Cómo se forma el comparativo de superioridad? [1ª parte]

El comparativo de superioridad es una estructura que usa adjetivos o adverbios para comparar dos cosas o personas que comparten una cualidad, pero una de ellas la tiene en mayor intensidad. Su estructura en español es:

<u>más</u> + adjetivo + <u>(que)</u>

En inglés, esta estructura se forma de distintas maneras, dependiendo de la cantidad de sílabas que tenga el adjetivo. Así:

● Cuando el adjetivo tiene una sílaba, se añade "**-er**" a dicho adjetivo.

tall	alto	**taller**	más alto
old	viejo	**older**	más viejo
big	grande	**bigger***	más grande
fat	gordo	**fatter***	más gordo

✪ Estos adjetivos duplican la última consonante por terminar en "consonante-vocal-consonante".

My brother is **taller**.　　　　Mi hermano es más alto.
My bedroom is **bigger**.　　　Mi habitación es más grande.

Cuando aparece el otro elemento de la comparación, usamos **"than"** (que):

My brothers are **older than** me.　　Mis hermanos son mayores que yo.
I am **fatter than** Ana.　　　　　　Yo estoy más gordo que Ana.

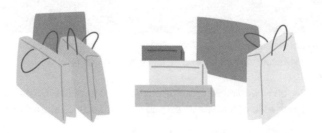

● Cuando el adjetivo tiene tres sílabas o más, se usa **"more"**.

comfortable	cómodo	**more comfortable**	más cómodo
difficult	difícil	**more difficult**	más difícil
expensive	caro	**more expensive**	más caro

The new couch is **more comfortable**.

El sofá nuevo es más cómodo.

This exam is **more difficult than** the last one we did.

Este examen es más difícil que el último que hicimos.

¿Cómo se forma el comparativo de superioridad? [2ª parte]

Sigamos estudiando otros casos de formación de comparativos de superioridad.

🔵 Cuando el adjetivo tiene dos sílabas.

• Si acaba en "**-y**", "**-ow**", "**-le**" o "**-er**", forma el comparativo añadiendo "**-er (than)**".

An alley is **narrower than** an avenue.	*Un callejón es más estrecho que una avenida.*
Julie is **prettier* than** her cousin.	*Julie es más bonita que su prima.*

⚙ Cuando el adjetivo acaba en "**-y**", esta cambia a "i" antes de añadir "**-er**".

• Si acaba de otra manera, forma el comparativo con **"more (than)"**.

These chairs are **more modern**.   *Estas sillas son más modernas.*
This game is **more boring than**   *Este juego es más aburrido que el otro.*
the other one.

● Cuando los comparativos son irregulares, no siguen las reglas citadas.

good	bueno	>	**better**	mejor
bad	malo	>	**worse**	peor

This pencil is **better than** yours.   *Este lápiz es mejor que el tuyo.*
Your problem is **worse than** mine.   *Tu problema es peor que el mío.*

● Cuando modifica a un sustantivo, solo se ha de usar "**more**" delante de él.

Do you need **more** <u>time</u>?   *¿Necesitas más tiempo?*
There are **more** <u>books</u> in the library.   *Hay más libros en la biblioteca.*

Una pausa en Carolina del Norte

La primera colonia inglesa en América que se ubicó en la isla de Roanoke, Carolina del Norte, fue fundada por Walter Raleigh y desapareció misteriosamente sin dejar rastro, excepto por la palabra «Croatoan» garabateada en un árbol cercano.

El Capitolio de Carolina del Norte, emplazado desde 1833 en Raleigh, capital del estado.

BLOQUE 7

¿Cómo se forma el comparativo de inferioridad?

El comparativo de inferioridad es una estructura que usa adjetivos para comparar dos cosas o personas que comparten una cualidad, pero uno de ellos la tiene con menor intensidad.

En todos los casos, se forma con la siguiente estructura:

> less + adjetivo + (than)
> menos + adjetivo + (que)

The book is **less interesting than** the documentary.	*El libro es menos interesante que el documental.*
Doug is **less funny than** Ryan.	*Doug es menos gracioso que Ryan.*

El comparativo también puede usarse con sustantivos. En este caso se utilizan "**less**" y "**fewer**".

less + nombre incontable + (than)

fewer + nombre contable (plural) + (than)

→ *menos + nombre + (que)*

There is **less** <u>milk</u> in the bottle.	*Hay menos leche en la botella.*
Craig has **fewer** <u>toys</u> **than** Michael.	*Craig tiene menos juguetes que Michael.*

¿Cómo se usan las conjunciones "so" y "because"?

● **"So"** expresa el efecto, resultado o consecuencia de una acción o situación anterior, y equivale a "así (que), por lo tanto".

We were hungry, **so** we ate something.

Teníamos hambre, así que comimos algo.

● **"Because"** expresa una razón y equivale a "porque".

We ate something **because** we were hungry.

Comimos algo porque teníamos hambre.

⭐ Una pausa en Dakota del Norte

El río Rojo del Norte separa la ciudad de Grand Forks, en Dakota del Norte, de Minnesota.

El Museo de Dinosaurios, en Dickinson, Dakota del Norte, alberga doce dinosaurios a escala real, miles de especímenes de rocas, minerales y fósiles, así como un triceratops y edmontosaurus reales completos.

BLOQUE 7

Las expresiones más usadas en inglés para...

■ **Buying clothes and shoes** *(Comprar ropa y zapatos)*

How can I help you?	¿En qué puedo ayudarla?
I'd like to see that purse, please.	Me gustaría ver aquella cartera, por favor.
I'm looking for a raincoat.	Busco un impermeable.
Are you looking for anything in particular?	¿Está buscando algo en particular?
What colors do they come in?	¿En qué colores vienen?
I'm just looking, thanks.	Solo estoy mirando, gracias.
It suits you.	Te queda bien.
Do you have it in my size?	¿Tiene en mi talla?
How much are they?	¿Cuánto cuestan?
I'll take it.	Lo llevo.

■ **Buying books and music** *(Comprar libros y música)*

What kind of music do you like?	¿Qué clase de música te gusta?
What's your favorite song?	¿Cuál es tu canción preferida?
Are you looking for a specific genre?	¿Buscas algún género en especial?
Where are your new releases?	¿Dónde están las novedades?
Listen to music.	Escuchar música.
This book is about...	El libro trata sobre...
Download music from Internet.	Descargar música de Internet.
Can you help me locate a book?	¿Puede ayudarme a encontrar un libro?
We're sold out.	Está agotado.

Internet *(Internet)*

Click on the icon.	*Hacer clic en el ícono.*
Enter your password.	*Escriba su contraseña.*
Enter your username.	*Escriba su nombre de usuario.*
Get online.	*Conectarse.*
Join now.	*Únase ahora.*
Create an account.	*Crear una cuenta.*
Click on a link.	*Hacer clic en un enlace.*
Visit web pages.	*Visitar páginas web.*
Download files.	*Descargar archivos.*
Order online.	*Comprar por Internet.*

Traveling *(Viajar)*

Go on vacation.	*Salir de vacaciones.*
What time does the plane leave?	*¿A qué hora sale el avión?*
Flight AA345 now boarding.	*El vuelo AA345 está embarcando en este momento.*
Fasten your seat belt.	*Ajústense los cinturones.*
The flight is canceled.	*El vuelo está cancelado.*
The flight is delayed.	*El vuelo está demorado.*
I'd like to make a reservation for four nights.	*Quisiera hacer una reserva por cuatro noches.*
Where can I rent a car?	*¿Dónde puedo alquilar un auto?*
How long does it take to get to...?	*¿Cuánto se tarda para llegar a...?*
We're staying for two nights.	*Nos hospedaremos por dos noches.*

BLOQUE 7

BLOQUE 8. MARCAMOS LAS DIFERENCIAS

¿Cómo se usan los adverbios "too" / "enough"?

En esta oportunidad, aprenderemos a usar los adverbios de cantidad **"too"** y **"enough"**.

● **"Too"** se utiliza siempre delante de adjetivos o adverbios y equivale a "demasiado".

This plate is **too** hot.	*Este plato está demasiado caliente.*
We came home **too** late.	*Vinimos a casa demasiado tarde.*

• Después del adjetivo o el adverbio se puede usar "to + infinitivo".

We are **too tired to go out**.	*Estamos demasiado cansados para salir.*
It is **too late to have** breakfast.	*Es demasiado tarde para desayunar.*

• Si acompaña a un nombre, se ha de usar "much" o "many".

too much + nombre incontable	*demasiado/a + nombre*
too many + nombre contable (plural)	*demasiados/as + nombre*

I had **too much coffee**.	*Bebí demasiado café.*
There are **too many cars** in this city.	*Hay demasiados coches en esta ciudad.*

● **"Enough"** se usa después de un adjetivo o adverbio con el significado "lo suficientemente".

He is smart **enough**.	*Es lo suficientemente inteligente.*
This isn't good **enough**.	*Esto no es lo suficientemente bueno.*

• Si aparece tras un verbo, equivale a "lo suficiente".

They haven't studied **enough**.	*Ellos no han estudiado lo suficiente.*

• También puede ir seguido de "to + infinitivo".

We're old **enough to drive**.　　*Somos lo suficientemente mayores para conducir.*

• Delante de sustantivos, "**enough**" significa "suficiente(s)".

I didn't have **enough wine** for everybody.　　*No tenía suficiente vino para todos.*

 ## Acerca de la visa estadounidense...

Visas de inmigrante: descripción general

Una visa de inmigrante se emite a un ciudadano extranjero que tiene la intención de vivir y trabajar permanentemente en los Estados Unidos. En la mayoría de los casos, un pariente o empleador patrocina a la persona mediante la presentación de una solicitud ante los Servicios de Ciudadanía e Inmigración de los Estados Unidos (USCIS). Ciertos solicitantes, como trabajadores con habilidades extraordinarias, inversionistas y ciertos inmigrantes especiales pueden solicitarla en su propio nombre.

Posteriormente, la solicitud se envía al Consulado o Embajada de los EE. UU. correspondiente en el extranjero para continuar con el procesamiento y la emisión de la visa de inmigrante al inmigrante potencial, si es elegible. Un inmigrante potencial debe presentar la visa de inmigrante en un puerto de entrada de EE. UU. antes de que expire la visa de inmigrante.

Un inmigrante potencial se convierte en residente permanente legal una vez que la visa de inmigrante y la documentación adjunta son revisadas y aprobadas por un oficial de CBP. Para obtener información específica sobre las clasificaciones y los requisitos de las visas de inmigrantes, consulte el sitio web de USCIS o el sitio web del Departamento de Estado.

¿Cómo se usa el superlativo? [1ª parte]

El superlativo es la forma de los adjetivos utilizada para destacar un elemento sobre el resto. En español, la estructura tiene la siguiente forma:

El/la/los/las + sustantivo + más + adjetivo + (de)

En inglés, el superlativo se forma de distintas maneras. Estas dependen de la cantidad de sílabas que tenga el adjetivo. Así:

🔴 Cuando el adjetivo tiene una sílaba, se añade "**-est**" al adjetivo, que irá precedido del artículo "**the**".

tall	alto	>	**the tallest**	el más alto
big	grande	>	**the biggest***	el más grande

✪ Este adjetivo duplica la última consonante porque termina en "consonante-vocal-consonante".

Al ser un grado del adjetivo, toda la estructura ha de ir delante del sustantivo.

This is our **biggest** problem.   *Este es nuestro problema más grande.*

Cuando aparece el grupo o lugar sobre el que se destaca un elemento, se usa "**in**".

She is **the smartest** girl **in** the class.   *Ella es la chica más inteligente de la clase.*

🔴 Cuando el adjetivo tiene tres sílabas o más, se usa "**the most**" delante del adjetivo.

comfortable	cómodo	>	**the most comfortable**	el más cómodo
difficult	difícil	>	**the most difficult**	el más difícil

He is **the most important** person **in** the conference.
Él es la persona más importante de la conferencia.

Una pausa en Pensilvania

La prestigiosa Universidad privada de Pensilvania, fundada en 1740 por Benjamin Franklin.

La Declaración de la Independencia se firmó en Filadelfia, Pensilvania, en 1776, hogar de la Campana de la Libertad. Filadelfia también fue una vez la ciudad capital de los Estados Unidos.

¿Cómo se usa el superlativo? [2ª parte]

● Cuando el adjetivo tiene dos sílabas, se modificará de las siguientes formas:

• Si termina en "**-y**", "**-ow**", "**-le**" o "**-er**", forma el superlativo como los adjetivos de una sílaba: **the + adjetivo + est.**

This is **the narrowest** street in the city.	Esta es la calle más estrecha de la ciudad.
You are **the prettiest*** girl in the family.	Eres la niña más linda de la familia.

⚙ Si el adjetivo acaba en "**-y**", esta cambia a "**i**" antes de añadir "**-est**".

• Si termina de cualquier otra manera, forma el superlativo como los adjetivos de tres o más sílabas: **the + most + adjective**.

This is **the most modern** house in the neighborhood.	Esta es la casa más moderna del vecindario.
This is **the most interesting** chapter of the book.	Este es el capítulo más interesante del libro.

● Cuando los superlativos no siguen las reglas citadas, son irregulares. Es decir que cambian de forma irregular.

good	bueno	>	**the best**	el mejor
bad	malo	>	**the worst**	el peor

He is **the best** teacher.	Él es el mejor maestro.
That is **the worst** idea.	Esa es la peor idea.

Una pausa en Rhode Island

Las torres de Narragansett, vestigio del antiguo casino y club deportivo que daba vida a la ciudad.

Rhode Island, el estado más pequeño en tamaño de los Estados Unidos, fue sede del primer torneo abierto de golf. Este hecho ocurrió en 1895.

¿Cómo se usa la preposición "for"?

"**For**" es una de las preposiciones más frecuentes en inglés. Habitualmente equivale a "para" y "por", pero también tiene otros significados. Veamos sus usos.

● Destinatario (*para*).

This gift is **for** you.   *Este regalo es para ti.*

● Motivo, resultado (*por*).

He is known **for** his work.   *Él es conocido por su trabajo.*

● En búsqueda de (*a por, por*).

They went **for** sushi.   *Ellos fueron (a) por sushi.*

● Compra o venta (*por*).

We sold the apartment **for**   *Vendimos el apartamento por menos*
less money.   *dinero.*

● Duración (*durante, por*).

I worked as a gardener **for**   *Trabajé como jardinero por (durante)*
three years.   *tres años.*

"**For**" también se usa en muchas otras expresiones y como parte de verbos con preposición, como "to look **for**" *(buscar).*

Sarah was looking **for** her keys.   *Sarah estaba buscando sus llaves.*

¿Cómo expresamos posibilidad en inglés?

Para expresar posibilidad, se usan los verbos modales "**may (not)**", "**could (not)**" y "**might (not)**". Estos verbos se utilizan de la siguiente manera:

> **may**
> sujeto + **could** + infinitivo (sin "to")
> **might**

I **may** have some cookies in the kitchen.	*Puede que tenga galletas en la cocina.*
Anything **could** happen.	*Cualquier cosa podría pasar.*
This **might not** work.	*Puede que esto no funcione.*

¿Cómo se usan los verbos "to do" y "to make"?

Estos dos verbos equivalen al verbo "hacer" en español, pero se usan en diferentes expresiones. Veamos.

● TO DO

- Cuando se expresa la idea general de "hacer".

We didn't **do** anything last night.   *No hicimos nada anoche.*

- Al referirnos a actividades o tareas cotidianas.

He **does** his chores.   *Él hace sus quehaceres.*
He doesn't **do** the shopping.   *Él no hace las compras.*

- El verbo "to do" también se usa en ciertas expresiones.

to do a favor	*hacer un favor*
to do business	*hacer negocios*
to do an excercise	*hacer un ejercicio*
to do harm	*hacer daño*

● TO MAKE

- Este verbo comunica la idea de "fabricar", "construir", "crear" o "elaborar" algo.

What did you **make** for breakfast?   *¿Qué hiciste de desayunar?*
I **made** this table myself.   *Hice (construí) esta mesa yo mismo.*

• Este verbo también se encuentra en otras expresiones.

to make a mistake	*cometer un error*
to make the bed	*hacer la cama*
to make a phone call	*hacer una llamada*
to make plans	*hacer planes*
to make a decision	*tomar una decisión*
to make a noise	*hacer ruido*
to make money	*hacer dinero*
to make an effort	*hacer un esfuerzo*
to make progress	*progresar*
to make friends	*hacer amigos*

Las cien palabras más usadas en inglés (701 a 800)

A.M.	Antes del mediodía	**Fork**	Tenedor
Amazed	Sorprendido	**Frozen**	Congelado
Basket	Canasta	**Fruit**	Fruta
Bicycle	Bicicleta	**Fry**	Freír
Bill	Billete	**Give back**	Devolver
Boat	Bote	**Give up**	Darse por vencido
Boil	Hervir		
Book	Libro	**Groceries**	Víveres
Boot	Bota	**Group**	Grupo
Brake	Freno	**Grow**	Crecer
Bread	Pan	**Guess**	Suponer
Cab	Taxi	**Hole**	Agujero
Cheese	Queso	**Homemade**	Casero
Classified ad	Aviso clasificado	**Idea**	Idea
Clothes	Ropa	**Introduce**	Presentar
Coat	Abrigo	**Iron**	Hierro
Commercial	Anuncio publicitario	**Join**	Unirse
		Joke	Chiste, broma
Condition	Condición	**Lane**	Carril de una autopista
Couch	Sillón		
Depend	Depender	**Less**	Menos
Desk	Escritorio	**Level**	Nivel
Dessert	Postre	**Match**	Partido
Detail	Detalle	**Meal**	Comida
Doubt	Duda	**Meeting**	Reunión
Dress	Vestido	**Menu**	Menú
Entertainment	Entretenimiento	**Mix**	Mezclar
Fall	Caída	**Movement**	Movimiento
Fashion	Moda	**Morning**	Mañana
Field	Campo	**Nose**	Nariz
Fill	Llenar	**O'clock**	En punto
Flight	Vuelo	**On sale**	En liquidación, a la venta

Order	Ordenar	**Traffic light**	Semáforo
P.M.	Después del mediodía	**Traffic sign**	Señal de tránsito
Pair	Par	**Turn**	Doblar
Park	Parque	**Turn off**	Apagar
Picture	Foto	**Turn on**	Encender
Plane	Avión	**Voice**	Voz
Police	Policía	**Yield**	Ceder el paso
Pound	Libra		
Powerful	Poderoso		
Prefer	Preferir		
Priority	Prioridad		
Reduce	Reducir		
Refund	Reembolso		
Reliable	Confiable		
Responsible	Responsable		
Restaurant	Restaurante		
Retire	Jubilarse		
Review	Revisión		
Sad	Triste		
Salt	Sal		
Scratch	Rascar		
Square	Cuadrado		
Stay	Quedarse		
Steal	Robar		
Stranger	Desconocido		
Style	Estilo		
Sunglasses	Anteojos de sol		
Swallow	Tragar		
Swim	Nadar		
Tall	Alto		
Toll	Peaje		
Traffic	Tránsito		

BLOQUE 8

¿Qué son las "tag questions"?

Las "**tag questions**" son pequeñas preguntas colocadas al final de la frase para pedir confirmación de lo que se dice. Equivalen a "¿verdad?" o "¿no?", y se forman con un auxiliar *(to be, do, does, did, can, could, etc.)* y un pronombre personal sujeto *(I, you, he, etc.)*.

● Si en la frase hay un auxiliar, lo utilizamos para la "tag question". Si la frase es afirmativa, el auxiliar se usa de forma negativa en la "tag question" y viceversa.

You **are** Peter's girlfriend, **aren't** you?

Tú eres la novia de Peter, ¿verdad?

You **weren't** angry, **were** you?

No estabas enojado, ¿verdad?

Your kids **can** play the guitar, **can't** they?

Tus hijos saben tocar la guitarra, ¿verdad?

Cuando el sujeto de la frase es "I", el auxiliar es "to be" y la frase es afirmativa, en la "tag question" se suele usar "**aren't I?**"

I **am** your friend, **aren't I?**   *Yo soy tu amigo, ¿no?*

Si en la frase no hay verbo auxiliar, para la "tag question" usaremos "do-does/don't-doesn't" o "did/didn't".

He **works** as a cook, **doesn't** he? *Él trabaja como cocinero, ¿verdad?*
You **like** horror movies, **don't** you? *Te gustan las películas de terror, ¿no?*
She **didn't spend** all the money, *Ella no gastó todo el dinero, ¿verdad?*
did she?

Una pausa en Oklahoma

Durante un tornado en Ponca City, Oklahoma, un hombre y su esposa fueron arrastrados con su casa. Las paredes y el techo volaron. Pero el piso permaneció intacto y, finalmente, se deslizó hacia abajo y colocó a la pareja a salvo en el suelo.
Oklahoma fue el escenario de la película *Twister*.

El diseño del puente peatonal Skydance Bridge está inspirado en el pájaro del estado de Oklahoma.

BLOQUE 8

¿Cómo se usa el futuro simple?

El futuro simple se forma de la siguiente manera:

> auxiliar "will" + infinitivo del verbo (sin "to")

We **will** find an apartment.	*Encontraremos un apartamento.*
I **will** visit you in Germany.	*Te visitaré en Alemania.*

Es una forma invariable para todas las personas.

● Veamos cómo se usa el futuro simple.

• "**Will**" se puede contraer en "**ll**".

I'll do it.	*Yo lo haré.*

• En frases negativas, usamos "**will not**" o su contracción, "**won't**".

We **will not** <u>buy</u> a new computer.	*No compraremos una computadora nueva.*
They **won't** <u>call</u>.	*Ellos no llamarán.*

• En preguntas, "**will**" se coloca delante del sujeto.

Will you move?	*¿Te mudarás?*
When **will** you come back?	*¿Cuándo regresarán ustedes?*

• Para dar una respuesta corta, también podemos usar "**will**" o "**won't**".

Will she come to the party?	*¿Vendrá ella a la fiesta?*
Yes, she **will**. / No, she **won't**.	*Sí, lo hará. / No, no lo hará.*

● Ahora veamos para qué se usa el futuro simple.

• Exponer predicciones futuras.

Everything **will** be all right.	*Todo estará bien.*

• Expresar decisiones espontáneas.

—We're out of milk. —Ya no tenemos leche.
—OK. I'**ll** get some. —Bueno. Compraré un poco.

• Hacer invitaciones.

Will you come with us? ¿Vendrás con nosotros?

• Pedir ayuda o un favor.

Will you do something for me? ¿Puedes hacer algo por mí?

⭐ Una pausa en Oregón

La playa de Cannon Beach se destaca por las famosas rocas monolíticas, entre ellas, el Haystack Rock, de 72 m de altura.

Un tratado entre Estados Unidos y España estableció la actual frontera sur entre Oregón y California. El tratado se firmó en 1819.

BLOQUE 8

¿Qué adverbios de tiempo se usan para el futuro?

Al construir frases en futuro, es muy frecuente el uso de adverbios de tiempo para especificar en qué momento del futuro tendrá lugar la acción. Algunos de los más frecuentes con este tiempo se mencionan a continuación.

tomorrow		mañana
tomorrow {	**morning**	mañana
	afternoon	mañana por la tarde
	evening	noche
the day **after tomorrow**		pasado mañana
next {	**week**	la próxima semana
	month	el próximo mes
	year	el próximo año
	Sunday	el próximo domingo
in + período de tiempo		en/dentro de + período de tiempo
later		más tarde, después
soon		pronto

I'll send the email **tomorrow morning**.
Will you be here **in two hours**?
We'll come back **later**.

Enviaré el correo electrónico mañana por la mañana.
¿Estarás aquí en dos horas?
Regresaremos después.

¿Cómo se denominan las prendas de ropa en inglés?

Es momento de conocer el vocabulario de las prendas de ropa en inglés.

Clothes
(La ropa)

uniform	uniforme	**hat**	sombrero	**cap**	gorra
shirt	camisa	**T-shirt**	camiseta	**sweater**	suéter
pants	pantalones	**jeans**	vaqueros	**shorts**	pantalones cortos
blouse	blusa	**skirt**	falda	**dress**	vestido
coat	abrigo	**raincoat**	impermeable	**belt**	cinturón
suit	traje	**tie**	corbata	**underwear**	ropa interior
jacket	chaqueta	**socks**	calcetines	**stockings**	medias
shoes	zapatos	**sandals**	sandalias	**boots**	botas
jogging suit	chándal	**sneakers**	zapatillas deportivas	**pajamas**	pijama
scarf	bufanda	**gloves**	guantes	**bathing suit**	bañador

¿Qué es el futuro de intención?

Además del uso de "will", hay otra forma de expresar el futuro. Se construye de la siguiente manera:

> presente del verbo "to be" (am / are / is) **+** going to **+** infinitivo

A este futuro se lo llama "de intención". Veamos para qué y cómo se usa.

● Expresar planes o intenciones.

You**'re going to** travel to many places.	*Vas a viajar a muchos lugares.*
We **aren't going to** buy a house.	*No vamos a comprar una casa.*
Are you **going to** sell your car?	*¿Vas a vender tu auto?*
What **are** they **going to** do?	*¿Qué van a hacer ellas?*

● Expresar una predicción evidente.

It's cloudy. It**'s going to** rain.   *Está nublado. Va a llover.*

● Si el verbo principal es "go" o "come", se suelen usar "**going to**" o
"**coming to**".

I**'m going to** the dentist on Friday.   *Voy a ir al dentista el viernes.*
They**'re coming to** the wedding.   *Ellos van a venir a la boda.*

Coloquialmente, en inglés americano hablado, es muy frecuente el uso de
"**gonna**" por "going to".

She's **gonna** have a baby.   *Ella va a tener un bebé.*

Una pausa en Carolina del Sur

La introducción del tabaco en 1894 llevó a Mullins
a convertirse en la Capital del Tabaco de Carolina del
Sur. Surgieron hasta 200 semilleros de tabaco en toda
la comunidad. También se construyeron almacenes, y la
primera venta de tabaco se realizó el 28 de agosto de 1895.

Vista del atardecer en el Puerto de Charleston, Carolina del Sur.

BLOQUE 8

¿Para qué sirve el futuro concertado?

El futuro concertado se usa para expresar acciones futuras acordadas o convenidas.

Se forma con el **presente continuo** del verbo que usemos. Recordemos la estructura:

> presente de "to be" (am/is/are) **+** gerundio

I'm seeing the doctor on June, 12th.	*Voy a ver al doctor el 12 de junio.*
He**'s flying** to Detroit tomorrow evening.	*Él va a volar a Detroit mañana por la noche.*
He **isn't coming** to the meeting because he is ill.	*Él no va a venir a la reunión porque está enfermo.*
We **are getting married** next month.	*Vamos a casarnos el próximo mes.*

Esta forma de futuro puede confundirse con el futuro de intención, pero hemos de saber que el presente continuo expresa que la acción ya está acordada y "be going to" solo expresa un deseo, una intención:

I'm meeting Jenny next Wednesday.	*Voy a reunirme con Jenny el miércoles próximo. (Así lo hemos acordado.)*
I'm going to meet Jenny next Wednesday.	*Voy a reunirme con Jenny el miércoles próximo. (Esa es mi intención.w)*

¿Cómo se denominan los animales en inglés?

Ahora aprenderemos vocabulario sobre los animales más comunes en inglés.

Animals
(Los animales)

cow	*vaca*	**bull**	*toro*
goat	*cabra*	**sheep**	*oveja*
pig	*cerdo*	**horse**	*caballo*
hen	*gallina*	**turkey**	*pavo*
rabbit	*conejo*	**bird**	*pájaro*
dog	*perro*	**cat**	*gato*
rat	*rata*	**mouse**	*ratón*
ox	*buey*	**lamb**	*cordero*
donkey	*burro*	**duck**	*pato*

Las expresiones más usadas en inglés con...

■ The hairdresser *(La peluquera)*

I'd like a cut and dry, please.	*Quisiera que me corte y me seque el pelo, por favor.*
Do you want layers?	*¿Quiere un corte en capas?*
I'd like a razor cut.	*Quisiera un corte a la navaja.*
Can you trim my bangs?	*¿Puede recortar mi flequillo?*
Do you have a style in mind?	*¿Tiene algún estilo en mente?*
I just want the ends trimmed.	*Solo quiero que recorte las puntas.*
Can you remove the split ends?	*¿Puede cortar las puntas florecidas (abiertas)?*
I need a hair-do.	*Quisiera que me haga un peinado.*
Take a little off the top and sides, please.	*Corte un poco arriba y a los costados, por favor.*

■ The taxi driver *(El conductor de taxis)*

Where to?	*¿Adónde va?*
I need to go to Coral Way and Douglas.	*Necesito ir a Coral Way y Douglas.*
Can you take me to the hospital?	*¿Puede llevarme al hospital?*
Do you have the address?	*¿Tiene la dirección?*
How much does it cost to go to the airport?	*¿Cuánto cuesta ir al aeropuerto?*
Start the meter.	*Encender el reloj.*
Rate based on distance/time.	*Tarifa basada en la distancia/ tiempo.*
Pull over, please.	*Deténgase, por favor.*
Slow down, please.	*Baje la velocidad, por favor.*

The waitress *(La camarera)*

Good evening. How many are in your party?	*Buenas noches, ¿cuántos son?*
Smoking or non smoking section?	*¿Fumador o no fumador?*
Do you have a reservation?	*¿Tiene una reserva?*
Follow me, please.	*Síganme, por favor.*
Can I take your coat?	*¿Me permite su abrigo?*
Are you ready to order?	*¿Están listos para ordenar?*
What can I get you?	*¿Qué les traigo?*
What would you like to drink?	*¿Qué van a beber?*
Anything else?	*¿Algo más?*

The bartender *(El barman)*

What would you like to drink?	*¿Qué va a beber?*
I'd like a whisky on the rocks.	*Quisiera un whisky con hielo.*
What's your house wine?	*¿Cuál es el vino de la casa?*
Can I see your ID?	*¿Puedo ver su documento de identidad?*
Would you like draft or bottle?	*¿La quiere del barril o en botella?*
Last call!	*¡Último llamado!*
You're cut off.	*Usted no puede beber más.*
Do you have a lighter?	*¿Tienes un encendedor?*
Can I close my tab?	*¿Puedo cerrar mi cuenta?*
How late are you open?	*¿Hasta qué hora está abierto?*

BLOQUE 9. AUMENTAMOS NUESTRO VOCABULARIO

¿Cuál es la posición de los adverbios de modo, lugar y tiempo?

La posición de los adverbios de modo, lugar y tiempo suele ser al final de la oración, aunque, principalmente los de tiempo, también pueden situarse al principio. Cuando concurren más de uno de ellos en una oración, el orden que siguen es: modo, lugar y tiempo. Así:

Tiffany is living **happily in the country**.

              modo   lugar

Tiffany está viviendo feliz en el campo.

We went **there last week**.

       lugar   tiempo

Fuimos ahí la semana pasada.

Did you sleep **quietly last night**?

       modo   tiempo

¿Dormiste tranquilamente anoche?

The kids are waiting **patiently in the living room now**.

       modo   lugar   tiempo

Los niños están esperando pacientemente en la sala ahora.

¿Qué significa el verbo "be able to"?

El verbo "**be able to**" (*ser capaz de*) se usa para expresar habilidad. Es un sinónimo de "can".

He <u>can</u> ski = He **is able to** ski
Él sabe esquiar.
She <u>can</u> speak Chinese = She **is able to** speak Chinese.
Ella sabe hablar chino.

A diferencia de "can", que solo se usa en presente, y "could", que se usa en pasado, "**be able to**" <u>puede usarse en cualquier tiempo</u>, pudiéndonos referir a alguna habilidad, capacidad o posibilidad.

Tom **wasn't able to** sleep.   *Tom no pudo dormir.*
Will you **be able to** buy a   *¿Podrán ustedes comprar una casa*
new house?   *nueva?*

Una pausa en Dakota del Sur

Los rostros de George Washington, Thomas Jefferson, Theodore Roosevelt y Abraham Lincoln en el Monte Rushmore.

El conjunto escultórico del Monte Rushmore, esculpido entre 1927 y 1941, conmemora el nacimiento, el crecimiento, la conservación y el desarrollo de la nación estadounidense.

BLOQUE 9

¿Cómo se dice "todavía" en inglés?

Los adverbios "**still**" y "**yet**" significan "todavía", pero sus usos y posiciones son diferentes dentro de la frase. Veamos.

● "**Still**" se utiliza en frases afirmativas y en preguntas.

• Se coloca después de un verbo auxiliar en las frases afirmativas:

We're **still** waiting for our food.　　Todavía estamos esperando nuestra comida.

She can **still** play the guitar.　　Ella todavía puede tocar la guitarra.

• Se coloca delante de cualquier verbo no auxiliar, tanto en frases afirmativas como en preguntas:

Matt **still** likes to go skating.　　A Matt todavía le gusta ir a patinar.

Do you **still** drink alcohol?　　¿Todavía bebes alcohol?

● "**Yet**" se utiliza en frases negativas y siempre se coloca al final de estas.

I'm not ready **yet**.　　Todavía no estoy listo.

They don't have savings **yet**.　　Ellos todavía no tienen ahorros.

¿Cuáles son los pronombres reflexivos?

Los pronombres reflexivos se usan para expresar que el sujeto realiza la acción y él mismo la recibe. Son los siguientes:

myself	*me*
yourself	*te*
himself	*se*
herself	*se*
itself	*se*
ourselves	*nos*
yourselves	*os, se*
themselves	*se*

Para usarlos, seguiremos la siguiente estructura:

Sujeto **+** verbo **+** pronombre reflexivo

I cut **myself** with a pair of scissors.   *Me corté con unas tijeras.*
She is washing **herself**.   *Ella se está lavando.*
They introduced **themselves**   *Ellos se presentaron (a sí mismos) a la*
to the audience.   *audiencia.*

¿Cómo se usa el modal "should"?

El verbo modal "**should**" equivale a la forma condicional del verbo "deber" (*debería, deberías, etc.*), por lo que es la estructura usada para pedir y dar consejos o sugerencias.

● Tiene la misma forma para todas las personas y se usa delante de un infinitivo sin "to".

You **should** see a doctor.	*Deberías ver a un doctor.*
They **should** save some money.	*Ellos deberían ahorrar dinero.*

● La forma negativa es "**should not**" o "**shouldn't**".

I **shouldn't** go out. It's late.	*No debería salir. Es tarde.*
He **shouldn't** go to work. He's sick.	*Él no debería ir al trabajo. Está enfermo.*

● Para realizar preguntas, invertimos el orden entre "**should**" y el sujeto.

Should we do that?	*¿Deberíamos hacer eso?*
Where **should** I go?	*¿Dónde debería ir?*
Which option **should** I choose?	*¿Cuál opción debería escoger?*

 Acerca de la visa estadounidense...

A continuación, revisaremos algunos de los tipos de visa de inmigrante existentes.

Visas de inmigrante por petición familiar
● Cónyuge de un ciudadano estadounidense (IR1, CR1).
● Cónyuge de un ciudadano estadounidense en espera de la aprobación de una petición de inmigrante I-130 (K-3).
● Prometido(a) para casarse con ciudadano estadounidense y vivir en EE. UU. (K-1).
● Adopción Internacional de **niños huérfanos por ciudadanos estadounidenses** (IR3, IH3, IR4, IH4).
● Ciertos miembros de la familia de ciudadanos estadounidenses (IR2, CR2, IR5, F1, F3, F4).
● Ciertos miembros de la familia de residentes permanentes legales.

Inglés Básico Súper Rápido

¿Cuál es el vocabulario sobre la ciudad?

Ahora aprenderemos el vocabulario de diferentes elementos que nos encontramos por la ciudad.

The city
(La ciudad)

road sign	señal	mailbox	buzón
sidewalk	acera	corner	esquina
trash can	papelera	flag	bandera
advertisement	anuncio	bus shelter	caseta del bus
building	edificio	crosswalk	paso de peatones
lamppost	farola	pedestrian	peatón
skyscraper	rascacielos	bridge	puente
river	río	traffic light	semáforo
bench	banco	square	plaza

Visas de inmigrante por motivo laboral
- Trabajadores prioritarios (EB-1).
- Profesionales con **grados avanzados y personas de habilidad excepcional** (EB-2).
- Profesionales y **otros trabajadores** (EB-3).
- Ciertos **inmigrantes especiales**, incluyendo trabajadores religiosos (EB-4).
- Creación de **empleo/inversores** (EB-5).

Visa de diversidad y otras visas de inmigrante
- Visa de diversidad por lotería anual (DV).
- Visa de retorno de residentes (SB-1).

Esta no es una lista completa. Para conocer todos los tipos de visa existentes, visitar https://fam.state.gov/

¿Cuáles son los usos de "how"?

Además de los usos ya estudiados, "**how**" puede tener diversos significados, según la palabra que lo acompañe. Algunos de ellos son:

How about going to the movies?	¿Qué te parece si vamos al cine?
How far is your house?	¿A qué distancia está tu casa?
How wide is the room?	¿Cuánto mide de ancho la habitación?
How tall is your boyfriend?	¿Cuánto mide tu novio?
How long is the street?	¿Cuánto mide de largo la calle?
How long did you work for that company?	¿Cuánto tiempo trabajaste para esa compañía?

"**How**" también puede ir delante de un adjetivo en exclamaciones. En este caso se usa para expresar sorpresa o una opinión.

How <u>nice</u>!	¡Qué bonito!
How <u>awful</u>!	¡Qué horrible!
How <u>expensive</u>!	¡Qué caro!

Inglés Básico Súper Rápido

¿Cómo mostramos opiniones en inglés?

Cuando estamos teniendo una conversación y alguien expresa una idea, podemos comunicar ciertas opiniones de las siguientes formas:

I think so.	*Creo que sí.*
I don't think so.	*Creo que no.*
I suppose so / I guess so.	*Supongo que sí.*
I suppose not / I guess not.	*Supongo que no.*
I hope so.	*Espero que sí.*
I hope not.	*Espero que no.*
I'm afraid so.	*Me temo que sí.*
I'm afraid not.	*Me temo que no.*

—I think she's going to get fired.

—**I'm afraid so.**

—They seem angry.
—**I don't think so.** They might be tired.

—*Creo que la van a despedir (del trabajo).*
—*Me temo que sí.*

—*Ellos se ven enojados.*
—*Creo que no. Puede que estén cansados.*

¿Cómo se forma el pretérito perfecto?

El pretérito perfecto se forma con el **presente del verbo "to have" (have / has)** y el **participio** del verbo principal.

I **have traveled** to Asia.　　　*He viajado a Asia.*

En español, los participios son las formas verbales acabadas en "-ado" e "-ido" (jugado, comido). En inglés, los participios de los verbos regulares se forman añadiendo "**-ed**" al infinitivo, pero, en el caso de los verbos irregulares, se habrán de memorizar (ver lista tras los ejemplos).

Su forma afirmativa es la siguiente:

[To see: *ver*]

I	**have seen**	*yo he visto*
you	**have seen**	*tú has visto, usted ha visto*
he	**has seen**	*él ha visto*
she	**has seen**	*ella ha visto*
it	**has seen**	*ha visto*
we	**have seen**	*nosotros/as hemos visto*
you	**have seen**	*vosotros/as habéis visto, ustedes han visto*
they	**have seen**	*ellos/as han visto*

I **have seen** my aunt twice this year.　　*He visto a mi tía dos veces este año.*

She **has talked** to her kids.　　*Ella ha hablado con sus hijos.*

En pretérito perfecto, "**have**" se puede contraer en "**'ve**" y "**has**" en "**'s**":

They**'ve spent** the money.　　*Ellos han gastado el dinero.*

She**'s listened** to his songs.　　*Ella ha escuchado sus canciones.*

A continuación, se muestra una lista de verbos irregulares con sus formas de pasado simple y **participio pasado**.

Infinitivo	Pasado	Participio	
to be	was / were	**been**	(ser, estar)
to break	broke	**broken**	(romper)
to bring	brought	**brought**	(traer)
to buy	bought	**bought**	(comprar)
to come	came	**come**	(venir)
to do	did	**done**	(hacer)
to drink	drank	**drunk**	(beber)
to drive	drove	**driven**	(manejar)
to eat	ate	**eaten**	(comer)
to fall	fell	**fallen**	(caer)
to feel	felt	**felt**	(sentir)
to find	found	**found**	(encontrar)
to forget	forgot	**forgotten**	(olvidar)
to get	got	**got / gotten**	(conseguir, obtener, llegar)
to go	went	**gone**	(ir)
to have	had	**had**	(tener, haber, tomar)
to know	knew	**known**	(conocer)
to lose	lost	**lost**	(perder)
to make	made	**made**	(hacer, fabricar)
to meet	met	**met**	(conocer, reunirse)
to pay	paid	**paid**	(pagar)
to put	put	**put**	(poner)
to run	ran	**run**	(correr)
to say	said	**said**	(decir)
to see	saw	**seen**	(ver)
to sell	sold	**sold**	(vender)
to send	sent	**sent**	(enviar)
to speak	spoke	**spoken**	(hablar)
to spend	spent	**spent**	(gastar, pasar [tiempo])
to steal	stole	**stolen**	(robar)
to take	took	**taken**	(llevar, tomar)
to tell	told	**told**	(decir)
to think	thought	**thought**	(pensar)
to understand	understood	**understood**	(comprender)
to win	won	**won**	(ganar)
to write	wrote	**written**	(escribir)

BLOQUE 9

Las cien palabras más usadas en inglés (801 a 900)

Alcohol	Alcohol	**Feeling**	Sentimiento
Antibiotic	Antibiótico	**Fever**	Fiebre
Apple	Manzana	**Final**	Final
Arm	Brazo	**Finger**	Dedo de la mano
Attend	Asistir	**Fireman**	Bombero
Belt	Cinturón	**Fish**	Pez
Blood	Sangre	**Flu**	Gripe
Body	Cuerpo	**Foot**	Pie
Breath	Aliento	**Frightened**	Asustado
Cable	Cable	**Grow up**	Criarse, crecer
Chair	Silla	**Guide**	Guía
Christmas	Navidad	**Guys**	Chicos/chicas,
Clever	Inteligente		gente
Cloud	Nube	**Hair**	Pelo
Corner	Esquina	**Hang**	Colgar
Cough	Toser	**Headache**	Dolor de cabeza
Cry	Llorar	**Health**	Salud
Degree	Grado	**Homesick**	Nostálgico/a
Dentist	Dentista	**Immediate**	Inmediato
Destroy	Destruir	**Incredible**	Increíble
Destruction	Destrucción	**Knock**	Golpear
Disease	Enfermedad		repetidamente
Dizzy	Mareado	**Lie**	Mentir
Double	Doble	**Liquid**	Líquido
Dream	Soñar	**Loan**	Préstamo
Dust	Polvo	**Luck**	Suerte
Ear	Oreja	**Married**	Casado
Earth	Tierra	**Medicine**	Medicina
Effect	Efecto	**Message**	Mensaje
Eye	Ojo	**Million**	Millón
Face	Cara	**Nation**	Nación
Fasten	Ajustarse	**Neck**	Cuello

Newspaper	Diario	**Vegetables**	Verduras
Nonresident	No residente	**Visit**	Visitar
Oil	Aceite	**Weight**	Peso
Pack	Paquete	**Well done**	Bien hecho
Pants	Pantalones largos	**Wet**	Húmedo
		Wine	Vino
Parking lot	Estacionamiento	**Young**	Joven
Patient	Paciente		
Pharmacist	Farmacéutico		
Play	Jugar		
Proud	Orgulloso		
Red	Rojo		
Rice	Arroz		
Salad	Ensalada		
Selfish	Egoísta		
Sensible	Sensato		
Sensitive	Sensible		
Short	Corto		
Skirt	Falda		
Soap	Jabón		
Socks	Calcetines		
Sore	Dolorido		
State	Estado		
Suffer	Sufrir		
Sugar	Azúcar		
Suitcase	Maleta		
Sweet	Dulce		
Throat	Garganta		
Tired	Cansado		
Tomato	Tomate		
Tooth	Diente		
Upset	Disgustado		

BLOQUE 9

¿Cómo se usa el pretérito perfecto? [1ª parte]

Veamos el uso del pretérito perfecto en oraciones negativas y en preguntas.

● En oraciones negativas, se usan "**haven't**" o "**hasn't**".

My brother **hasn't studied** for his exam.
Mi hermano no ha estudiado para su examen.

They **haven't thought** about it.
Ellos no han pensado en eso.

● En preguntas, "**have**" o "**has**" se colocan delante del sujeto.

Where **have** you **been**?
¿Dónde has estado?

Has he **tried** something different?
¿Ha intentado él algo diferente?

● Para responder de forma corta, la oración se construye así:

Have you sent the package?
¿Has enviado el paquete?

Yes, I have. / No, I haven´t.
Sí, lo he hecho. / No, no lo he hecho.

¿Cómo se usan las preposiciones "for" y "since"?

Las preposiciones "**for**" y "**since**" son muy frecuentes en expresiones de tiempo. Aprendamos a usarlas:

● "**For**" (*durante*) precede a un período de tiempo.

He lived in Miami **for** <u>six years</u>.   *Él vivió en Miami durante seis años.*

● "**Since**" (*desde*) precede a un punto en el tiempo, es decir, a un momento determinado (día, mes, año, etc.).

We've worked so much **since** <u>last week</u>.   *Hemos trabajado mucho desde la semana pasada.*

Una pausa en Vermont

Con una población de ocho mil personas, Montpelier es la capital estatal más pequeña de los EE. UU. Curiosamente, Vermont tiene la mayor proporción de vacas lecheras por habitante.

Una vista de Montpelier, la capital de Vermont, en la que se puede apreciar el Capitolio.

¿Cuándo se usa el pretérito perfecto? [2ª parte]

El pretérito perfecto tiene distintos usos.

- Al referirnos a acciones que empezaron en el pasado y aún continúan en el presente.

  I **have lived** in this neighborhood since 2010.

  He vivido en este vecindario desde el 2010. (Aún vivo ahí).

- Al citar una experiencia pasada, sin especificar cuándo tuvo lugar.

  I **have been** to Italy.

  He estado en Italia.

  Si decimos o preguntamos cuándo tuvo lugar la acción, el tiempo ha de cambiar a pasado simple.

  I **was in** Italy last year.

  Estuve en Italia el año pasado.

- Para expresar el resultado de una acción ocurrida recientemente.

  Someone **has broken** a glass.

  Alguien ha roto una copa (por eso está rota).

¿Cómo se usa el pretérito perfecto con "ever" y "never"?

Los adverbios "**ever**" y "**never**" se usan para preguntar y responder acerca de experiencias pasadas.

● "**Ever**" equivale a "alguna vez". Se utiliza en preguntas y se coloca delante del participio.

Have you **ever** been to Minnesota?   ¿Has estado alguna vez en Minnesota?

● "**Never**" equivale a "nunca". Se usa en frases afirmativas y se coloca delante del participio.

We <u>have</u> **never** <u>had</u> Thai food.   *Nosotros nunca hemos comido comida tailandesa.*

Aunque la oración sea afirmativa, el adverbio "never" hace que el mensaje final sea negativo.

¿Cómo se usa el modo condicional?

Es el modo que expresa que una acción o situación se puede dar si se cumplen ciertos supuestos o condiciones. Se forma con el modal "**would**" y el **infinitivo del verbo** (sin "to"). Tiene una única forma para todas las personas.

David **would enjoy** this class.   *David disfrutaría de esta clase.*

● "**Would**" se puede contraer en "**'d**".

I**'d** buy a new coat.   *Compraría un nuevo abrigo.*

● En frases negativas, se utiliza "**wouldn't (would not)**".

We **wouldn't** rent a house.   *No rentaríamos una casa.*

● En preguntas, "**would**" se coloca delante del sujeto. Si la pregunta contiene un pronombre interrogativo, este estará ubicado antes que "**would**".

Would you help me?   *¿Me ayudarías?*
What **would** she like to do?   *¿Qué le gustaría hacer (a ella)?*

● En respuestas cortas.

Would you move to the United States?   *¿Te mudarías a los Estados Unidos?*
Yes, I would.   *Sí.*
No, I wouldn't.   *No.*

¿En qué otras situaciones podemos usar "would"?

Además de usarse para expresar el modo condicional, "**would + infinitivo**" se utiliza en otras situaciones.

● Para expresar ofrecimientos e invitaciones.

Would you **like** some water?   *¿Quieres un poco de agua?*

● Para expresar deseos y peticiones de una manera formal.

I'd like some wine, please.   *Quiero algo de vino, por favor.*
Would you **close** the door, please?   *¿Puede cerrar la puerta, por favor?*

⭐ Una pausa en Texas

Edificio histórico en San Antonio, Texas.

El Álamo se encuentra en San Antonio y se considera la cuna de la libertad de Texas y el sitio histórico más popular del estado. Allí, los defensores de Texas cayeron ante el general mexicano Santa Anna. Fue entonces cuando se originó la expresión "¡Recuerden El Álamo!".

¿Qué verbos van seguidos de un gerundio?

Muchas veces, en inglés, necesitamos usar un verbo seguido de otro. En algunas ocasiones, el segundo verbo será infinitivo; en otras, un gerundio. Aprendamos cómo usarlos correctamente.

El gerundio (**infinitivo + -ing**) se usa detrás de una serie de verbos, entre los que se destacan:

like	gustar	
love	encantar	
hate	odiar	
admit	admitir	
miss	añorar	**+ gerundio**
deny	negar	
enjoy	disfrutar	
finish	terminar	
avoid	evitar	

I **hate driving**.   *Odio conducir.*
She **misses visiting** her friends.   *Ella añora visitar a sus amigos.*

Pero si el primer verbo se utiliza en modo condicional, el segundo no se usará en gerundio, sino en infinitivo (con "to").

I **like dancing**.   ◄········ pero ········►   I **would like to dance**.
Me gusta bailar.   *Me gustaría bailar.*

Una pausa en Tennessee

Estatua de Elvis Presley en la plaza que lleva su nombre, en Memphis, Tennessee.

La casa de Elvis Presley, llamada Graceland, se encuentra en Memphis, Tennessee. Es la segunda casa más visitada del país.

BLOQUE 9

¿Qué verbos van seguidos de un infinitivo?

Existen muchos verbos que van seguidos de otros verbos en infinitivo ("to + infinitivo"), entre los que se encuentran:

choose	*elegir*	
decide	*decidir*	
promise	*prometer*	
need	*necesitar*	**+ to + infinitivo**
hope	*esperar*	
learn	*aprender*	
try	*intentar*	
want	*querer*	

I **chose** <u>to stay</u> here.	*Decidí quedarme aquí.*
Her father **decided** <u>to sell</u> their house.	*Su padre decidió vender su casa.*

Coloquialmente, en inglés americano es muy frecuente el uso de "**wanna**" en lugar de "**want to**".

I want to sing **=** I **wanna** sing.	*Quiero cantar.*

Inglés Básico Súper Rápido

¿Cómo podemos expresar necesidad en inglés?

Para expresar necesidad, se usa el verbo "**to need**" *(necesitar)*.

We **need** eggs.   *Necesitamos huevos.*

● Si se necesita hacer algo (una acción), se usa "**need + to + infinitivo**".

I **need to work out.**   *Necesito hacer ejercicio.*

● Para expresar falta de necesidad, se puede usar "**don't / doesn't need to + infinitivo**", o bien "**needn't + infinitivo**".

They **don't need to study** anymore. = They **needn't study** anymore.
No necesitan estudiar más.

¿Cómo podemos solicitar la descripción de alguien?

Para preguntar cómo es una persona, se usan los verbos "**to be like**" y "**to look like**". Estos dos verbos significan "ser como", pero "**to be like**" se refiere a la personalidad o al carácter, mientras que "**to look like**" se refiere al parecido físico.

What is your mother **like?**   *¿Cómo es tu madre (de carácter)?*
She is <u>loving</u> and <u>fun</u>.   *Ella es cariñosa y divertida.*

What does your mother **look like?** *¿Cómo es tu madre (físicamente)?*
She is <u>tall</u> and <u>beautiful</u>.   *Ella es alta y hermosa.*

BLOQUE 9

Las expresiones más usadas en inglés en...

■ Going on a date *(Una cita romántica)*

He asked me out.	*Él me invitó a salir.*
Go on a date.	*Tener una cita romántica.*
I'd like to take you out sometime.	*Me gustaría invitarte a salir alguna vez.*
Can I have your phone number?	*¿Puedes darme tu número telefónico?*
Can I buy you a drink?	*¿Puedo invitarte con un trago?*
I'll pick you up at 7.	*Paso a buscarte a las 7.*
When will I see you again?	*¿Cuándo volveré a verte?*
We're dating.	*Estamos saliendo.*
I'm in love with you.	*Estoy enamorado de ti.*

■ Deliveries *(Envíos a domicilio)*

Call ahead.	*Llamar con anticipación.*
Do you deliver to this address?	*¿Hacen envíos a esta dirección?*
Do you have an extra menu?	*¿Tiene otro menú?*
We need rush delivery.	*Necesitamos un envío rápido.*
Is this for pick up or delivery?	*¿Es para llevar o para envío?*
How long will it take?	*¿Cuánto tiempo tardará?*
How late do you deliver?	*¿Hasta qué hora hacen envíos?*
Is there a delivery fee?	*¿Tiene costo el envío?*
We have a minimum order of $15.	*Nuestro pedido mínimo es de $15.*

The movies (El cine)

Let's go to the movies.	*Vayamos al cine.*
What's the run time?	*¿A qué hora dan la película?*
What time does the movie start?	*¿A qué hora comienza la película?*
I'd like one ticket to see...	*Quisiera una entrada para ver...*
This movie is sold out.	*Las entradas para esta película están agotadas.*
I'll get some popcorn.	*Compraré palomitas de maíz.*
Would you like to make that a combo?	*¿Le gustaría llevar un combo?*
Can I help you find your seat?	*¿Puedo ayudarle a encontrar su asiento?*
Did you like the movie?	*¿Te gustó la película?*

The restaurant (El restaurante)

We reserved a table for six.	*Reservamos una mesa para seis.*
Could you call the waiter, please?	*¿Podría llamar al mozo, por favor?*
Could I have the menu?	*¿Podría traerme el menú, por favor?*
I'd like to try a local specialty.	*Quisiera probar un plato típico.*
What do you recommend?	*¿Qué recomienda?*
Could I see the wine list?	*¿Podría ver la lista de vinos?*
I'll have the pork chops.	*Comeré las costeletas de cerdo.*
Could I have the French fries instead of the salad?	*¿Podría ordenar papas fritas en vez de ensalada?*
Could you bring oil and vinegar, please?	*¿Podría traer aceite y vinagre, por favor?*
Could I get the check, please?	*¿Puede traerme la cuenta, por favor?*

BLOQUE 10. DEFINIMOS LA INTENCIÓN DE NUESTROS MENSAJES

¿Cuáles son los verbos compuestos frasales?

En inglés hay muchos verbos compuestos, es decir que están formados por varias palabras. Unos son los verbos frasales y otros, los verbos preposicionales.

Los verbos frasales están compuestos por un verbo y un adverbio, y pueden ser de dos tipos.

● Algunos no necesitan un objeto o complemento para entender su significado plenamente. Veamos algunos casos y ejemplos.

verbo + adverbio (sin objeto)

come in	entrar	go out	salir
sit down	sentarse	shut up	callarse
break down	averiarse	stand up	ponerse de pie
run away	escapar	be back	estar de vuelta
be over	terminar	fall down	caerse
get up	levantarse		

My wife **stood up**.
The boy **fell down**.

Mi esposa se puso de pie.
El niño se cayó.

● Otros sí necesitan un objeto o complemento para su perfecta comprensión.

> verbo + adverbio + objeto

turn on/off	encender/apagar	turn up/down	subir/bajar (volumen)
put on	*ponerse (ropa)*	**take off**	*quitarse (ropa)*
put up	*dar alojamiento*	**throw away**	*tirar*
look up	*buscar (en un libro)*	**fill out**	*rellenar*
find out	*descubrir*	**bring up**	*educar*

We need to **fill out** that form.   *Necesitamos rellenar ese formulario.*

She **put on** a nice dress for her birthday party.   *Ella se puso un bonito vestido para su fiesta de cumpleaños.*

En estos casos, el objeto también se puede colocar entre el verbo y el adverbio, como un nombre o un pronombre.

We need to **fill** that form **out**   =   We need to **fill** it **out**.

She **put** a nice dress **on** for her birthday party   =   She **put** it **on** for her birthday party.

¿Cuáles son los verbos compuestos preposicionales?

Habiendo tratado los verbos frasales, veamos ahora los preposicionales, que son los formados por un verbo y una preposición.

Estos verbos precisan de un objeto o complemento. En este caso, el objeto siempre se usa detrás de la preposición.

verbo + preposición + objeto

look after	cuidar	**look for**	buscar
come across	toparse con	**break into**	irrumpir
talk about	hablar sobre	**wait for**	esperar
get over	recuperarse	**look into**	investigar

Are you **waiting for** your drinks?   *¿Están esperando sus bebidas?*
We're **talking about** the problem.   *Estamos hablando sobre el problema.*
Someone **broke into** our home.   *Alguien irrumpió en nuestra casa.*

También encontramos los verbos frasales preposicionales, que están formados por tres palabras: un verbo, un adverbio y una preposición. Estos verbos siempre precisan un objeto o complemento que aparezca tras ellos.

verbo + adverbio + preposición + objeto

run out of	*quedarse sin*
get on with	*llevarse con alguien*
We **ran out of** bread.	*Nos quedamos sin pan.*
How do you **get on with** your coworkers?	*¿Cómo te llevas con tus compañeros de trabajo?*

Una pausa en Utah

El curioso Parque Nacional de los Arcos, ubicado en Utah, posee la mayor concentración de arcos naturales del país.

El nombre Utah proviene de la tribu de nativos americanos Ute y significa "gente de las montañas".

¿Para qué se usa la preposición "during"?

"**During**" se usa delante de un nombre para expresar cuándo ocurre algo, pero no indica la duración en sí, sino el momento en que se desarrolla la actividad.

We were discussing this issue **during** the meeting.

Estuvimos discutiendo este problema durante la reunión.

They argued a lot **during** the trip.

Discutieron mucho durante el viaje.

¿Qué son las oraciones condicionales?

Las oraciones condicionales están formadas por dos frases: una de ellas expresa una condición, y la otra, un resultado.

La frase que expresa la condición va encabezada por "**if**" (*si*).

Inglés Básico Súper Rápido

¿Cuál es el primer tipo de oraciones condicionales?

En este tipo de oraciones, la condición es factible y el resultado es muy probable. La condición se expresa en presente y el resultado, en futuro.

If you **study** enough, you will pass the test.

Si estudias lo suficiente, aprobarás el examen.

She **won't understand** his problem **if** he **doesn't explain** it to her.

Ella no entenderá su problema si él no se lo explica.

Una pausa en Washington

El estado de Washington es el único que lleva el nombre de un presidente de los Estados Unidos.

Antes de que Washington se convirtiera en estado, el territorio se denominaba Columbia (por el río Columbia). Cuando se le otorgó la condición de estado, se cambió el nombre a Washington, probablemente para que no se lo confundiera con el Distrito de Columbia.

La Casa Blanca, residencia oficial del presidente de los EE. UU., fue ideada por George Washington.

¿Cuál es el segundo tipo de oraciones condicionales?

Este tipo de oraciones condicionales se usa para expresar una condición irreal o imaginaria y su posible resultado. La condición se expresa en pasado y el resultado, en condicional (**would + inf.**).

If I **had** some money, I **would go** on a trip.

Si yo tuviera algo de dinero, me iría de viaje.

She **wouldn't cook if** she **didn't enjoy** it.

Ella no cocinaría si no lo disfrutara.

Si se usa el verbo "**to be**" en la condición, se suele utilizar la forma "**were**" para todas las personas.

If I **were** you, I would work harder.   *Si yo fuera tú, trabajaría más duro.*

Una pausa en Virginia

Ocho presidentes de los Estados Unidos nacieron en Virginia: George Washington, Thomas Jefferson, James Madison, James Monroe, William Harrison, John Tyler, Zachary Taylor y Woodrow Wilson.

Richmond, la actual capital de Virginia, fue la capital de los Estados Confederados durante la Guerra Civil.

BLOQUE 10

¿Qué es y cuándo se usa el pretérito pluscuamperfecto?

El pretérito pluscuamperfecto es un tiempo verbal que se usa para expresar una acción que ocurrió previamente a otra acción pasada. Se podría decir que es el pasado del pasado.

● Se forma con el pasado del verbo "**have**" (**had**) y el **participio** del verbo principal. Tiene una forma invariable para todas las personas.

I **had seen** her before I met her.	*Yo la había visto antes de conocerla.*
She **had done** her chores.	*Ella había hecho sus quehaceres.*

● "**Had**" se puede contraer con el sujeto con la forma "**'d**".

You**'d called** the doctor.	*Tú habías llamado al doctor.*
She**'d been** to Switzerland.	*Ella había estado en Suiza.*

● En oraciones negativas, se usa "**hadn't (had not)**", y en preguntas, se invierte el orden entre "**had**" y el sujeto.

I **hadn't bought** the present.	*No había comprado el regalo.*
Had he **paid** you the money?	*¿Él te había pagado el dinero?*

● En respuestas cortas, se usa de manera simple.

Had you tried their food before?	*¿Habías probado su comida antes?*
Yes, I had. / No, I hadn't.	*Sí./No.*

Inglés Básico Súper Rápido

Una pausa en Virginia Occidental

Vista del puente colgante viejo en Virginia Occidental.

Cada octubre se cierra el camino al puente New River Gorge, cerca de Fayetteville. Allí, las personas se lanzan en paracaídas y saltan con cuerdas elásticas desde el puente. Este destacado evento atrae a unas 100.000 personas cada año a Virginia Occidental.

BLOQUE 10

Las palabras más usadas en inglés cien (901 a 1000)

Angry	Enojado	**Knife**	Cuchillo
Background	Antecedentes	**Landlord**	Locador
Case	Caso	**Laugh**	Reír
Court	Juzgado	**Leg**	Pierna
Cover	Cubrir	**Legal**	Legal
Cup	Taza	**Letter**	Carta
Date	Fecha	**Love**	Amar
Death	Muerte	**Magazine**	Revista
Decision	Decisión	**Mass**	Masa
Draw	Dibujar	**Meat**	Carne
Drop	Hacer caer	**Microwave**	Horno a
Envelope	Sobre		microondas
Environment	Medio ambiente	**Milk**	Leche
Fit	Quedar bien	**Mirror**	Espejo
	(una prenda)	**Model**	Modelo
Flower	Flor	**Movie**	Película
Force	Forzar	**Music**	Música
Game	Juego	**Naturalization**	Naturalización
Gold	Oro	**Option**	Opción
Government	Gobierno	**Ounce**	Onza
Guest	Huésped	**Party**	Fiesta
Homework	Tareas del	**Pass**	Pasar (atravesar)
	estudiante	**Piece**	Porción
Honest	Honesto	**Pillow**	Almohada
Illness	Enfermedad	**Poor**	Pobre
Injury	Herida	**Pork**	Cerdo
Judge	Juez	**Potato**	Papa
Jump	Saltar	**Pretty**	Bonito
Justice	Justicia	**Prison**	Prisión
Kill	Matar	**Recipe**	Receta
Kiss	Besar	**Recommend**	Recomendar
Knee	Rodilla	**Relax**	Descansar

Ring	Anillo	**Trespass**	Entrar ilegalmente
River	Río	**Trial**	Juicio
Rude	Maleducado	**T-shirt**	Camiseta
Satisfied	Satisfecho	**Umbrella**	Paraguas
Scale	Balanza	**University**	Universidad
Sea	Mar	**Wear**	Llevar ropa
Sheet	Hoja de papel	**Widow**	Viuda
Shine	Brillar		
Shirt	Camisa		
Shoe	Zapato		
Shoulder	Hombro		
Shy	Tímido		
Sign	Firmar		
Size	Talla		
Skin	Piel		
Sky	Cielo		
Soccer	Fútbol		
Song	Canción		
Soup	Sopa		
Special	Especial		
Sport	Deporte		
Steak	Filete		
Suppose	Suponer		
Surprise	Sorpresa		
Swear	Jurar		
Sweater	Suéter		
Taste	Gusto		
Ten	Diez		
Tennis shoes	Zapatos tenis		
Thief	Ladrón		
Thunder	Truenos		
Translator	Traductor		

BLOQUE 10

¿Para qué sirven los pronombres relativos? [1ª parte]

Los pronombres relativos evitan repetir un elemento que ya se ha citado en la frase.

En español, el pronombre relativo más usado es "que", que equivale en inglés a **"who"** (para referirnos a personas), **"which"** (para cosas) y **"that"** (que puede usarse en ambos casos). Estos pronombres aparecen en dos tipos de cláusulas: especificativas y explicativas.

● Cláusulas especificativas.

En ellas, toda la información es necesaria para la comprensión de la frase y el pronombre relativo (who, that o which) puede preceder a un sujeto o a un verbo.

Si se encuentran delante de un sujeto, se pueden omitir, pero, si se encuentran delante de un verbo, siempre han de colocarse.

The woman (**who/that**) I spoke to was helpful.	*La mujer con la que hablé fue de ayuda.*
The woman **who/that** answers the phone is helpful.	*La mujer que responde el teléfono es de ayuda.*
That is the dessert (**that, which**) she brought to the dinner party.	*Ese es el postre que ella trajo a la cena.*
That is the dessert **that/which** was popular at the dinner party.	*Ese es el postre que fue popular en la cena.*

Además de los pronombres relativos ya tratados, existen otros. Veamos algunos de ellos.

• **Where** (*donde*), para referirse a lugares.

The neighborhood **where** I live is very nice.	*El vecindario donde vivo es muy bonito.*

• **What** (*lo que*), para referirse a "aquello que".

That isn't **what** I want to do.	*Eso no es lo que quiero hacer.*

• **Whose** (*cuyo/a/os/as*), para referirse a posesiones.

That is the girl **whose** dogs are cute.	*Ella es la chica cuyos perros son lindos.*

⬤ Cláusulas explicativas.

En ellas se da una información extra, que no es necesaria para la comprensión de la frase, y que siempre aparece entre comas. En estas frases nunca se usa el pronombre relativo "that", sino que para cosas se usa "**which**" y, para personas, "**who**", que en ningún caso se pueden omitir.

Norah, **who** is my boss, has an amazing job.	*Norah, que es mi jefa, tiene un trabajo increíble.*
That painting, **which** I brought from Rome, is my favorite.	*Esa pintura, que traje de Roma, es mi favorita.*

"Which" también se usa para referirse a toda la idea previamente expresada.

She had a baby, **which** made everybody very happy.	*Ella tuvo un bebé, lo que hizo felices a todos.*

¿Cómo se usa el pronombre interrogativo "which"?

"**Which**" es un pronombre interrogativo con un significado similar a "**what**", es decir, equivale a "qué" o "cuál, cuáles". Sin embargo, "**what**" se usa en la pregunta cuando existen muchas posibles respuestas, mientras que "**which**" se utiliza cuando el número de respuestas es bastante limitado.

What's you job? ¿Cuál es tu trabajo?
Which is your job, doctor or nurse? ¿Cuál es tu trabajo, doctora o enfermera?

¿Cómo se usan los pronombres "one / ones"?

Los pronombres "**one**" (para el singular) y "**ones**" (para el plural) sustituyen un nombre ya usado en la frase o sobrentendido en la conversación, y de esta manera, nos ayudan a evitar la repetición.

This purse is new, but that **one** is very old.
Este bolso es nuevo, pero ese es muy viejo.

one = purse

Do you want to read those books or these **ones**?
¿Quieres leer esos libros o estos?

ones = books

¿Cómo podemos pedir un producto en una tienda?

Cuando se pide un producto en una tienda, se pueden utilizar varias fórmulas. Estas son algunas de ellas.

> **I'll take...**   *Me llevaré...*
> **I want...**   *Quiero...*

I'll take a bag of potatoes.   *Me llevaré una bolsa de papas.*
I want a dozen eggs, please.   *Quiero una docena de huevos, por favor.*

Acerca de la visa estadounidense...

¿Qué es el Programa de Exención de Visas?

El Visa Waiver Program (VWP) permite a los ciudadanos de ciertos países participantes viajar a los Estados Unidos por turismo o negocios para estadías de 90 días o menos, sin solicitar una visa. Sin embargo, existen algunas restricciones. Una lista de los países que son participantes de este programa se encuentra en la sección de VWP en la página web del Departamento de Estado.

Todos los ciudadanos de países exentos de visado que quieran viajar a los Estados Unidos temporalmente por turismo o negocios bajo el VWP deben recibir una autorización electrónica de viaje a través del sistema Electronic System for Travel Authorization (ESTA) antes de embarcar en un avión o un barco que tenga a Estados Unidos como su destino. El sistema ESTA determinará, casi de inmediato en muchos casos, si una persona es apta para viajar bajo el VWP, y si dicho viaje representa algún riesgo para la seguridad o las fuerzas de orden público.

Para facilitar el proceso de autorización, el Department of Homeland Security (DHS) recomienda que las solicitudes ESTA sean enviadas tan pronto como el solicitante comience su planificación de los viajes con destino a EE. UU., y no menos de 72 horas antes de viajar. Para obtener más información sobre el VWP, ESTA y los requisitos específicos de elegibilidad, visite la sección de VWP en la página web del Departamento de Estado.

BLOQUE 10

¿Cómo decimos "también" y "tampoco" en inglés?

Veamos ahora cómo se construyen las expresiones "también" y "tampoco".

● Además de "also", "too" y "as well", hay otra manera de expresar "también".

> So + auxiliar (afirmativo) + sujeto

Esta estructura se usa en una respuesta a una declaración, ya sea hecha por nosotros mismos o por alguien más. Si la primera declaración contiene un verbo auxiliar, se usará el mismo la segunda vez; si no lo contiene, se usan "do/does/did".

He is American. **So am I.**   *Él es estadounidense. Yo también.*

They spend their winters in places *Ellos pasan sus inviernos en lugares*
with warmer weather. **So do we.** *con clima más cálido. Nosotros*
   también.

● Para expresar "tampoco", se usa una estructura.

> Neither + auxiliar (afirmativo) + sujeto

We aren't going out tonight.   *No vamos a salir esta noche. Ella*
Neither is she.   *tampoco.*

I didn't forget your birthday.   *Yo no olvidé tu cumpleaños. Frank*
Neither did Frank.   *tampoco.*

Una pausa de Wisconsin

Frío invierno sobre el río Yahara, en Madison, Wisconsin.

Con un promedio de 2.500 artistas, el Summerfest de Milwaukee es el festival de música más grande del país.

¿Cómo podemos expresar sorpresa en inglés?

Cuando expresamos sorpresa, podemos usar diferentes estructuras.

● Si nos referimos a un nombre contable en singular:

> What + a(n) + (adjetivo) + nombre!

What a beautiful home!   *¡Qué casa tan hermosa!*
What an amazing gift!   *¡Qué regalo tan increíble!*

● Si el nombre es incontable o contable en plural:

> What + (adjetivo) + nombre!

What lovely weather!   *¡Qué buen clima!*
What interesting books!   *¡Qué libros tan interesantes!*

¿Para qué se usan "so" y "such"?

Tanto "**so**" como "**such**" refuerzan el significado del adjetivo, adverbio o sustantivo al que preceden.

● "**So**" equivale a "tan" (entre otros significados).

His words were **so sweet** that we all loved them.	Sus palabras fueron tan dulces que a todos nos encantaron.
The movie was **so sad** that I couldn't stop crying.	La película era tan triste que no podía dejar de llorar.

● "**Such**" también equivale a "tan" y acompaña a (un adjetivo y) un sustantivo.

• Si el sustantivo es contable en singular, se coloca "**a(n)**" delante del adjetivo.

It was **such a bad experience** that I won't repeat again.	Fue una experiencia tan mala que no la repetiré de nuevo.
It was **such an awkward situation** that I left.	Era una situación tan incómoda que me fui.

• Si el sustantivo es incontable o contable en plural, no se coloca "a(n)", y, a veces, tampoco el adjetivo.

These are **such beautiful pictures** that I want them all.	Estos son unos cuadros tan bonitos que los quiero todos.
The school board is addressing **such problems** in the next meeting.	El consejo escolar abordará dichos problemas en la siguiente reunión.

BLOQUE 10

¿Cómo se usan los verbos "to meet" y "to know"?

Los verbos "**to meet**" y "**to know**" pueden confundirse en algunas situaciones, debido a que ambos pueden significar "conocer". A continuación, aprenderemos las diferencias en su significado y uso.

● "**To meet**" significa "conocer a alguien".

My girlfriend **met** my parents last night.

Mi novia conoció a mis padres anoche.

Además, "**to meet**" significa también "reunirse, encontrarse".

They **meet** every weekend.

Ellos se reúnen todos los fines de semana.

● "**To know**" también significa "conocer", pero con el sentido de "tener como conocido".

You **know** me very well.

Tú me conoces muy bien.

Al hablar de lugares, nunca utilizaríamos "to meet", sino "to know".

They **know** Los Angeles well.

Ellos conocen Los Ángeles bien.

¿Cómo podemos expresar acuerdo o desacuerdo en inglés?

La forma más usual de mostrar acuerdo es "**I agree (with)**" *[estoy de acuerdo (con)]*, y para mostrar disconformidad, "**I don't agree (with) / I disagree (with)**".

Pat: I think we should go on a picnic this weekend.

Fred: **I agree with** <u>you</u>.

Tom: **I disagree**. It's going to be too cold.

Pat: *Creo que deberíamos ir a un picnic este fin de semana.*

Fred: *Estoy de acuerdo contigo.*

Tom: *No estoy de acuerdo. Va a hacer mucho frío.*

 Una pausa de Wyoming

Bisontes en el parque nacional de Yellowstone, Wyoming.

Yellowstone fue el primer espacio natural declarado parque nacional, hecho que ocurrió en 1872. La mayor parte del Parque Yellowstone se encuentra dentro de los límites de Wyoming.

Las expresiones más usadas en inglés con...

▪ Directions *(Direcciones)*

How do I get to the airport?	¿Cómo puedo llegar al aeropuerto?
Where's the theater?	¿Dónde está el teatro?
Is there a bookstore near here?	¿Hay una librería cerca de aquí?
Which way is it?	¿Cuál es el camino?
Is it far from here?	¿Es lejos de aquí?
It's just a ten-minute walk.	Es una caminata de solo 10 minutos.
You can take the subway.	Puedes tomar el subterráneo.
Go across the street.	Cruza la calle.
Go straight ahead.	Sigue derecho.
Take the first right.	Dobla en la primera calle a la derecha.

▪ Sports *(Los deportes)*

Are you good at sports?	¿Eres bueno para los deportes?
Do you now how to play volleyball?	¿Sabes jugar al voleibol?
Do you play tennis?	¿Juegas al tenis?
What's your favorite soccer team?	¿Cuál es tu equipo de fútbol preferido?
Do you like watching box?	¿Te gusta mirar boxeo?
Have you ever played rugby?	¿Has jugado al rugby alguna vez?
What's your favorite sport?	¿Cuál es tu deporte favorito?
The playoffs begin next week.	Las eliminatorias empiezan la semana que viene.
The score is tied.	El marcador está empatado.

The cook *(El cocinero)*

Wash your hands thoroughly.	*Lávese bien las manos.*
Do not overbeat.	*No batir de más.*
Add a pinch of salt.	*Agregar una pizca de sal.*
Separate the egg whites.	*Separar la clara de la yema.*
Let the dough rise.	*Dejar leudar la masa.*
Preheat the oven.	*Precalentar el horno.*
Spray/Coat the pan.	*Rociar la sartén con aceite.*
Bring to a boil.	*Hacer hervir.*
Reduce heat to simmer.	*Hervir a fuego lento.*
Stir frequently.	*Revolver frecuentemente.*

Family and friends *(La familia y los amigos)*

How are you related?	*¿Qué relación de parentesco tienen?*
Do you have any brothers and sisters?	*¿Tienes hermanos y hermanas?*
I'm an only child.	*Soy hijo/hija única.*
My parents are divorced.	*Mis padres están divorciados.*
My wife is pregnant/expecting a baby.	*Mi esposa está embarazada/ esperando un bebé.*
Bring up/Raise children.	*Criar hijos.*
Are you married?	*¿Estás casado?*
I grew up in Texas.	*Crecí en Texas.*
You look like your father.	*Te pareces a tu padre.*
Who do you take after?	*¿A quién te pareces?*

Verbos regulares e irregulares en inglés

Verbos regulares
Sonido /id/

Infinitivo	Pasado simple	Participio pasado	Español
Accept	Accepted /id/	Accepted /id/	Aceptar
Count	Counted /id/	Counted /id/	Contar
Date	Dated /id/	Dated /id/	Citar
End	Ended /id/	Ended /id/	Terminar
Expect	Expected /id/	Expected /id/	Esperar
Intend	Intended /id/	Intended /id/	Intentar
Need	Needed /id/	Needed /id/	Necesitar
Plant	Planted /id/	Planted /id/	Plantar
Point	Pointed /id/	Pointed /id/	Señalar
Rent	Rented /id/	Rented /id/	Rentar
Repeat	Repeated /id/	Repeated /id/	Repetir
Resist	Resisted /id/	Resisted /id/	Resistir
Start	Started /id/	Started /id/	Empezar
Visit	Visited /id/	Visited /id/	Visitar
Wait	Waited /id/	Waited /id/	Esperar
Want	Wanted /id/	Wanted /id/	Querer

Verbos regulares
Sonido /t/

Infinitivo	Pasado simple	Participio pasado	Español
Ask	Ask<u>ed</u> **/t/**	Ask<u>ed</u> **/t/**	*Preguntar*
Cook	Cook<u>ed</u> **/t/**	Cook<u>ed</u> **/t/**	*Cocinar*
Dance	Dan<u>ced</u> **/t/**	Dan<u>ced</u> **/t/**	*Bailar*
Dress	Dress<u>ed</u> **/t/**	Dress<u>ed</u> **/t/**	*Vestir*
Erase	Eras<u>ed</u> **/t/**	Eras<u>ed</u> **/t/**	*Borrar*
Finish	Finish<u>ed</u> **/t/**	Finish<u>ed</u> **/t/**	*Terminar*
Help	Help<u>ed</u> **/t/**	Help<u>ed</u> **/t/**	*Ayudar*
Jump	Jump<u>ed</u> **/t/**	Jump<u>ed</u> **/t/**	*Brincar/Saltar*
Like	Lik<u>ed</u> **/t/**	Lik<u>ed</u> **/t/**	*Gustar*
Look	Look<u>ed</u> **/t/**	Look<u>ed</u> **/t/**	*Mirar*
Miss	Miss<u>ed</u> **/t/**	Miss<u>ed</u> **/t/**	*Extrañar*
Practice	Practic<u>ed</u> **/t/**	Practic<u>ed</u> **/t/**	*Practicar*
Push	Push<u>ed</u> **/t/**	Push<u>ed</u> **/t/**	*Empujar*
Shop	Shopp<u>ed</u> **/t/**	Shopp<u>ed</u> **/t/**	*Comprar*
Smoke	Smok<u>ed</u> **/t/**	Smok<u>ed</u> **/t/**	*Fumar*
Stop	Stopp<u>ed</u> **/t/**	Stopp<u>ed</u> **/t/**	*Detener*
Talk	Talk<u>ed</u> **/t/**	Talk<u>ed</u> **/t/**	*Hablar*
Use	Us<u>ed</u> **/t/**	Us<u>ed</u> **/t/**	*Usar*
Walk	Walk<u>ed</u> **/t/**	Walk<u>ed</u> **/t/**	*Caminar*
Wash	Wash<u>ed</u> **/t/**	Wash<u>ed</u> **/t/**	*Lavar*
Wish	Wish<u>ed</u> **/t/**	Wish<u>ed</u> **/t/**	*Desear*
Work	Work<u>ed</u> **/t/**	Work<u>ed</u> **/t/**	*Trabajar*

VERBOS REGULARES

Verbos regulares
Sonido /d/

Infinitivo	Pasado simple	Participio pasado	Español
Answer	Answered /**d**/	Answered /**d**/	Responder
Arrive	Arrived /**d**/	Arrived /**d**/	Llegar/Arribar
Belong	Belonged /**d**/	Belonged /**d**/	Pertenecer
Change	Changed /**d**/	Changed /**d**/	Cambiar
Clean	Cleaned /**d**/	Cleaned /**d**/	Limpiar
Climb	Climbed /**d**/	Climbed /**d**/	Escalar
Close	Closed /**d**/	Closed /**d**/	Cerrar
Consider	Considered /**d**/	Considered /**d**/	Considerar
Dare	Dared /**d**/	Dared /**d**/	Retar/Atreverse
Deliver	Delivered /**d**/	Delivered /**d**/	Entregar
Enjoy	Enjoyed /**d**/	Enjoyed /**d**/	Disfrutar
Fill	Filled /**d**/	Filled /**d**/	Llenar
Follow	Followed /**d**/	Followed /**d**/	Seguir
Hurry	Hurried /**d**/	Hurried /**d**/	Apurar/Darse prisa
Learn	Learned /**d**/	Learned /**d**/	Aprender
Listen	Listened /**d**/	Listened /**d**/	Escuchar
Live	Lived /**d**/	Lived /**d**/	Vivir
Love	Loved /**d**/	Loved /**d**/	Amar
Name	Named /**d**/	Named /**d**/	Nombrar
Open	Opened /**d**/	Opened /**d**/	Abrir
Order	Ordered /**d**/	Ordered /**d**/	Ordenar

Infinitivo	Pasado simple	Participio pasado	Español
Plan	Plan<u>ed</u> **/d/**	Plan<u>ed</u> **/d/**	*Planear*
Play	Play<u>ed</u> **/d/**	Play<u>ed</u> **/d/**	*Jugar*
Rain	Rain<u>ed</u> **/d/**	Rain<u>ed</u> **/d/**	*Llover*
Remember	Remember<u>ed</u> **/d/**	Remember<u>ed</u> **/d/**	*Recordar*
Show	Show<u>ed</u> **/d/**	Show<u>ed</u> **/d/**	*Mostrar*
Stay	Stay<u>ed</u> **/d/**	Stay<u>ed</u> **/d/**	*Permanecer*
Study	Stud<u>ied</u> **/d/**	Stud<u>ied</u> **/d/**	*Estudiar*
Travel	Travel<u>ed</u> **/d/**	Travel<u>ed</u> **/d/**	*Viajar*
Try	Tr<u>ied</u> **/d/**	Tr<u>ied</u> **/d/**	*Intentar/Tratar*
Turn	Turn<u>ed</u> **/d/**	Turn<u>ed</u> **/d/**	*Voltear/Girar*

VERBOS REGULARES

Verbos irregulares

Infinitivo	Pasado simple	Participio pasado	Español
Arise	Arose	Arisen	Surgir/Levantarse
Awake	Awoke	Awoken	Despertarse
Be	Was/Were	Been	Ser/Estar
Bear	Bore	Borne/Born	Soportar
Beat	Beat	Beaten	Golpear
Become	Became	Become	Llegar a ser
Begin	Began	Begun	Empezar
Bend	Bent	Bent	Doblar
Bet	Bet	Bet	Apostar
Bind	Bound	Bound	Atar/Encuadernar
Bid	Bid	Bid	Pujar
Bite	Bit	Bitten	Morder
Bleed	Bled	Bled	Sangrar
Blow	Blew	Blown	Soplar
Break	Broke	Broken	Romper
Breed	Bred	Bred	Criar
Bring	Brought	Brought	Traer/Llevar
Broadcast	Broadcast	Broadcast	Transmitir/Emitir
Build	Built	Built	Edificar
Burn	Burnt/Burned	Burnt/Burned	Quemar
Burst	Burst	Burst	Reventar
Buy	Bought	Bought	Comprar
Cast	Cast	Cast	Arrojar
Catch	Caught	Caught	Coger
Come	Came	Come	Venir

Infinitivo	Pasado simple	Participio pasado	Español
Cost	Cost	Cost	*Costar*
Cut	Cut	Cut	*Cortar*
Choose	Chose	Chosen	*Elegir*
Cling	Clung	Clung	*Agarrarse*
Creep	Crept	Crept	*Arrastrarse*
Deal	Dealt	Dealt	*Tratar*
Dig	Dug	Dug	*Cavar*
Do	Did	Done	*Hacer*
Draw	Drew	Drawn	*Dibujar*
Dream	Dreamt/ Dreamed	Dreamt/ Dreamed	*Soñar*
Drink	Drank	Drunk	*Beber*
Drive	Drove	Driven	*Conducir*
Eat	Ate	Eaten	*Comer*
Fall	Fell	Fallen	*Caer*
Feed	Fed	Fed	*Alimentar*
Feel	Felt	Felt	*Sentir*
Fight	Fought	Fought	*Luchar*
Find	Found	Found	*Encontrar*
Flee	Fled	Fled	*Huir*
Fly	Flew	Flown	*Volar*
Forbid	Forbade	Forbidden	*Prohibir*
Forget	Forgot	Forgotten	*Olvidar*
Forgive	Forgave	Forgiven	*Perdonar*
Freeze	Froze	Frozen	*Helar*

VERBOS IRREGULARES

Infinitivo	Pasado simple	Participio pasado	Español
Get	Got	Got/Gotten	Obtener
Give	Gave	Given	Dar
Go	Went	Gone	Ir
Grow	Grew	Grown	Crecer
Grind	Ground	Ground	Moler
Hang	Hung	Hung	Colgar
Have	Had	Had	Haber/Tener
Hear	Heard	Heard	Oír
Hide	Hid	Hidden	Ocultar
Hit	Hit	Hit	Golpear
Hold	Held	Held	Agarrar/Celebrar
Hurt	Hurt	Hurt	Herir
Keep	Kept	Kept	Conservar
Know	Knew	Known	Saber/Conocer
Kneel	Knelt	Knelt	Arrodillarse
Knit	Knit	Knit	Hacer punto
Lay	Laid	Laid	Poner
Lead	Led	Led	Dirigir
Lean	Leant	Leant	Apoyarse
Leap	Leapt	Leapt	Brincar
Learn	Learnt/Learned	Learnt/Learned	Aprender
Leave	Left	Left	Dejar
Lend	Lent	Lent	Prestar
Let	Let	Let	Permitir
Lie	Lay	Lain	Echarse
Light	Lit	Lit	Encender
Lose	Lost	Lost	Perder

Inglés Básico Súper Rápido

Infinitivo	Pasado simple	Participio pasado	Español
Make	Made	Made	*Hacer*
Mean	Meant	Meant	*Significar*
Meet	Met	Met	*Conocer/ Reunirse*
Mistake	Mistook	Mistaken	*Equivocar*
Overcome	Overcame	Overcome	*Superar*
Pay	Paid	Paid	*Pagar*
Put	Put	Put	*Poner*
Read	Read	Read	*Leer*
Ride	Rode	Ridden	*Montar*
Ring	Rang	Rung	*Llamar*
Rise	Rose	Risen	*Surgir/Aumentar*
Run	Ran	Run	*Correr*
Say	Said	Said	*Decir*
See	Saw	Seen	*Ver*
Seek	Sought	Sought	*Buscar*
Sell	Sold	Sold	*Vender*
Send	Sent	Sent	*Enviar*
Set	Set	Set	*Poner(se)*
Sew	Sewed	Sewed/Sewn	*Coser*
Shake	Shook	Shaken	*Sacudir*
Shear	Shore	Shorn	*Esquilar*
Shine	Shone	Shone	*Brillar*
Shoot	Shot	Shot	*Disparar*
Show	Showed	Shown	*Mostrar*
Shrink	Shrank	Shrunk	*Encogerse*
Shut	Shut	Shut	*Cerrar*

Infinitivo	Pasado simple	Participio pasado	Español
Sing	Sang	Sung	Cantar
Sink	Sank	Sunk	Hundir
Sit	Sat	Sat	Sentarse
Sleep	Slept	Slept	Dormir
Slide	Slid	Slid	Resbalar
Smell	Smelt	Smelt	Oler
Sow	Sowed	Sowed/Sown	Sembrar
Speak	Spoke	Spoken	Hablar
Speed	Sped	Sped	Acelerar
Spell	Spelt	Spelt	Deletrear
Spend	Spent	Spent	Gastar
Spill	Spilt/Spilled	Spilt/Spilled	Derramar
Spin	Spun	Spun	Girar/Hilar
Spit	Spat	Spat	Escupir
Split	Split	Split	Hender/Partir/ Rajar
Spoil	Spoilt/Spoiled	Spoilt/Spoiled	Estropear
Spread	Spread	Spread	Extender
Spring	Sprang	Sprung	Brotar/Manar
Stand	Stood	Stood	Estar en pie
Steal	Stole	Stolen	Robar
Stick	Stuck	Stuck	Pegar/Engomar
Sting	Stung	Stung	Picar
Stink	Stank/Stunk	Stunk	Apestar
Stride	Strode	Stridden	Dar zancadas
Strike	Struck	Struck	Golpear
Swear	Swore	Sworn	Jurar

Infinitivo	Pasado simple	Participio pasado	Español
Sweat	Sweat	Sweat	Sudar
Sweep	Swept	Swept	Barrer
Swell	Swelled	Swollen	Hinchar
Swim	Swam	Swum	Nadar
Swing	Swung	Swung	Columpiarse
Take	Took	Taken	Llevar/Coger
Teach	Taught	Taught	Enseñar
Tear	Tore	Torn	Rasgar
Tell	Told	Told	Contar/Decir
Think	Thought	Thought	Pensar
Throw	Threw	Thrown	Arrojar, tirar
Thrust	Thrust	Thrust	Introducir
Tread	Trod	Trodden	Pisar, hollar
Understand	Understood	Understood	Entender
Undergo	Underwent	Undergone	Sufrir
Undertake	Undertook	Undertaken	Emprender
Wake	Woke	Woken	Despertarse
Wear	Wore	Worn	Llevar puesto
Weave	Wove	Woven	Tejer
Weep	Wept	Wept	Llorar
Wet	Wet	Wet	Mojar
Win	Won	Won	Ganar
Wind	Wound	Wound	Enrollar
Withdraw	Withdrew	Withdrawn	Retirarse
Wring	Wrung	Wrung	Torcer
Write	Wrote	Written	Escribir

VERBOS IRREGULARES

Medidas y conversiones

Medidas de longitud

1 inch (*1 pulgada*)	=	2.54 centímetros
1 foot (*1 pie*)	=	30.48 centímetros
1 yard (*1 yarda*)	=	0.914 metros
1 mile (*1 milla*)	=	1.609 kilómetros

Conversiones

Pulgadas a centímetros		2.54
Centímetros a pulgadas		0.39
Pies a metros		0.30
Metros a pies		3.28
Yardas a metros	**multiplicar por**	0.91
Metros a yardas		1.09
Millas a kilómetros		1.61
Kilómetros a millas		0.62
Acres a hectáreas		0.40
Hectáreas a acres		2.47

Medidas de superficie

1 square inch *(1 pulgada cuadrada)*	=	6.45 centímetros cuadrados
1 square foot *(1 pie cuadrado)*	=	0.093 metros cuadrados
1 square yard *(1 yarda cuadrada)*	=	0.836 metros cuadrados
1 square mile *(1 milla cuadrada)*	=	2.59 kilómetros cuadrados
1 acre *(1 acre)*	=	0.404 hectáreas

Medidas de capacidad o volumen

1 pint *(1 pinta)*	=	0.47 litros
1 quart *(1 cuarto de galón)*	=	0.94 litros
1 gallon *(1 galón)*	=	3.78 litros

Conversiones

Galones a litros	**multiplicar por**	3.78
Litros a galones		0.26

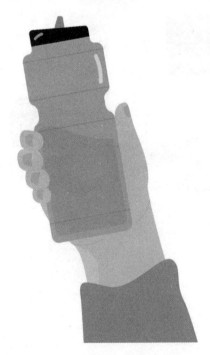